医療民俗学序説

日本人は厄災とどう向き合ってきたか

畑中章宏

春秋社

はじめに――「厄災」の感情史

人はいつの時代にも生きているかぎり、さまざまな困難に立ち向かわざるをえない。困難は個人個人に降りかかる場合もあるし、家族や共同体、あるいは国家的規模で深刻な事態に陥るときもある。

民俗学で扱う民間信仰は、人々が見舞われるこうした困難を除くためにおこなわれた、小さな神や仏への祈願を対象とするものである。個人に降りかかる災難を「厄」とみなし、これを除《よ》けるために祈ることは、宗教以前の素朴な信仰と言えるだろう。「厄」には、病がもたらす悩みや苦しみ、あるいは不慮の事故などを思い浮かべることができるが、多くの人は安らかな死を望む前に、可能なかぎり、現世での解決を切実に願うのだった。また、病気や事故に見舞われることを、予《あらかじ》め防ぐため、「厄除け」という風習が広く浸透してきた。

伝統社会や民俗社会、現代の一般的な社会をつうじて、こうした「厄」を「災厄」という呼び方で表現し、災厄の影響を減じるため、さまざまな手段が講じられてきた。病気の予防や治療、また自然災害にたいしては防災・減災の工夫をしてきたのである。しかし「災厄」という言葉の響きには、どこか外発的で、偶発的なニュアンスがこもっているような気がする。この「災厄」を「厄災」と言い換えてみたとき、個人個人の苦悩が共同性や公共性を帯びたものとなり、共助や公助による解決をめざすべきものとして認識されるようになるのではないか、というのが私の思いついたことである。

現在進行形のコロナ禍は、自然災害や不慮の事故といった「災厄」以上に、共同的、公共的な対処が必要とされているのではないか。また、いっぽうで、災難に陥った人々の孤独もあらわにしているように感じられる。共同性、公共性が求められているにもかかわらず、孤絶感の深みが否応に増す現状を意識して、本書では「厄災」という言葉を使おうとしているのだ。

*

各章について、1「医療民俗学序説」は本書のための書き下ろしで、普遍性・歴史性・構造性を帯びてみえる医療人類学という学問領域が定着しているが、ある意味、素朴に民俗的な「医療民俗学」というアプローチが、厄災にたいしては可能なのではないかという思いつきが執筆の契機になっている。

2「ケガレとコロナ」は、新型コロナウイルスによる感染症が取り沙汰され始めた昨年（二〇二〇年）の春以来、進行形の事態としてこの状況について考えた時事的な原稿を集めた。このため、その後の事態の変化を反映させず、そのときどきに考えたまま、感じたままを収録している。

3の「二一世紀の「まじない」」は、自然災害と疫病を含めた「厄災」に、これまでの私たちがどのように対応し、祭りをおこない、呪《まじな》ってきたのかを跡づけ、現状にたいする参考にならないかと考えて書いた原稿を中心とする。

4「災害伝承への旅」は、ある種の「ダークツーリズム」というべき紀行文集で、消防用設備関係団体が発行する月刊誌の連載をまとめたものである。なお本書のために「疫病」にかんする一編を追加した。

最後の5「「残酷」の時代に」は、戦争のような事態も含めて、人災による「厄災」が人々をどんなふうに翻弄し、どのような感情を抱かせてきたのかについて思いをめぐらせた文章を収めたつもりである。ただこの章にかぎらず、本書に通底しているはずである私の関心は、「厄災」の感情史というべきものである。「厄災」は、喜怒哀楽ではわりきれない、多様で複雑な感情を、個人にも、公共にも生んできた——その道筋と未来を見てみたいというのが本書の大きな狙いだ。

医療民俗学序説——日本人は厄災とどう向き合ってきたか　目次

3　二一世紀の「まじない」　89

4 災害伝承を旅する 157

5 「残酷」の時代に　187

医療民俗学序説——日本人は厄災とどう向き合ってきたか

1　医療民俗学序説

「医療民俗学」と「医療人類学」

「咳のおば様」

柳田国男の『日本の伝説』(一九四二年)は、列島各地の伝説を子どもたちに向けて紹介するとともに、伝説という表現形式そのものの成り立ちを説明しようとした口承文芸研究の記念碑的作品である。そしてその最初の一編は「咳のおば様」と題されていて、百日咳が治るというので信仰された各地の石像の解釈が展開されていく。

東京本所《ほんじょ》・原庭《はらにわ》町の証顕寺《しょうけんじ》あたりの横町には、二尺ばかりのおいいさんの石像があり、子どもが咳が出て困っていると、このお婆さんに頼んだらすぐに治ると言われていた。桃色の胸当てをいつもしているのは、治った人がお礼に奉納したもので、子どもたちはこの石像を「咳のおば様」と呼んでいた。

「百年ほど前までは、江戸にはまだ方々に、この石のおば様があったそうであります。築地《つきじ》二丁目の稲葉対馬守《いなばつしまのかみ》という大名の中屋敷にも、有名な咳の婆さんがあって、百日咳などで難儀をする児童の親は、そっと門番に頼んで、この御屋敷の内へその石を拝みにはいりました。」
（柳田国男「咳のおば様」）

この像はもともと老女の形に似た天然の石だったとも言い、いつ頃からか彫刻した石像になって、しかもお爺さんの像と二つ揃いになっていた。咳止めの願掛けに行く人は、豆や霰《あられ》餅《もち》の炒り物を持参して、煎じ茶とともに両方の石像に供えた。爺婆の石像は明治時代になってから行方不明になっていたが、隅田川東岸の弘福寺《こうふくじ》へ引っ越していることがわかった。そればかりか「咳の婆様」という名前も忘れ去られて、腰から下の病気を治してくれると頼みにくるものが多くなった。治病のお札には、履物を持ってきてあげるとよいと言うので、像の前には草履などが納めてあ

弘福寺「咳の爺婆尊」（東京都墨田区）

ったという。

現在、弘福寺境内の小祠に「咳の爺婆尊《じじばばそん》」として祀られているこの石像は、新型のウイルスによる感染症が、肺にダメージを与えることから、「コロナ除《よ》け」の霊験を期待して再発見されることとなった。「俗信」の範疇に入れられるべきこのような信心のありかたを、二一世紀の今日、どのように受け止めればよいのだろうか。私たちは近代的・科学的な西洋医学の恩恵を受けるまでの長いあいだ、こうした民俗的な治療によって病に対処し、なにかしらの治癒を経験してきたのである。このような経験の記憶と技術を検証するには、「医療」の民俗学というべき領域があってしかるべきである。それでは実際に「医療の民俗学」は開拓され蓄積されてきたのだろうか。

「医療民俗学」の先駆け

「医療民俗学」にたいして「医療人類学」という学問・方法は確立している。国内の研究者では『医療人類学入門』（一九九四年）を世に送り出してきた波平恵美子《なみひらえみこ》が、この領域の代表的な学者であり、現在は多くの大学で医療人類学の講座が開かれている。

医療人類学について池田光穂は、「医療や医学に関する現象を人類学の方法論や理論的枠組みを用いて分析し、応用に役立てようとする諸分野」であると定義する（『医療と神々』）。池田によると医療人類学は第二次世界大戦後に、人類学者が社会人類学と生物人類学の二つの領域で、医療システムの通文化研究をおこなったことに始まり、「医療人類学」という日本語は、一九七〇年代に英語の「medical anthropology」の訳語として、日本の医学界に登場したという。

いっぽうで、「医療民俗学」のほうは、北関東をフィールドにする民俗学者・国文学者の根岸謙之助が『医の民俗』（一九八八年）、『医療民俗学論』（一九九一年）などにおいて、その対象領域、目的、方法等を主張しているものの、民俗学の一領域として定着しているとは言えないようである。

根岸によれば、医療人類学も医療民俗学も、文化としての医療を研究対象としているが、前者は他国の、あるいは異文化としての医療を研究対象とし、後者は自国の医療を研究対象とする点が両者の根本的な相違点である。日本の民俗学は、日本列島に暮らしてきた人々が送ってきた伝承生活、また現在も送りつつある伝承生活を通じて、人々の心性や感情、行動様式、行動規範を追求する学問である。しかし、「これまで日本民俗学では、病気平癒のための神仏祈願や呪術的行為を、民間信仰の名のもとに、宗教の一部とみなす傾向があり、日本の社会における医療制度の一部として考察するということがなかった。」（根岸謙之助『医療民俗学論』）

柳田民俗学においては、「医療」を妖怪・幽霊・兆・占・禁・呪などとともに「心意現象」

の部門に入れ、「もっぱら医療民俗の心意を追求する」ことに主眼がおかれている。また、医療が医者より古いということが指摘される。根岸はこうした経緯を踏まえたうえで、民間医学研究の立場を、「(常民が)彼等自身の考えに基づいて、病気に対して如何なる観念をもっているか、また経験に基づいて如何なる治療の方法を修得したかである」と述べるのである。

民俗医療と科学

『医療民俗学論』で根岸は、日本民俗学で使用されてきた「民間医療」という用語にかわり、民俗知識にもとづく医療という意味から、「民俗医療」という用語を提案する。根岸によると民間医療と民俗医療の違いは次のような点にある。民間医療には修験などの職業的宗教者(宗教的職業人)による医療や、盲人などの医療職人による医療が含まれている。彼らは医療技術を身につけた職業人であり、日本の民俗の正統的な伝承者である常民のおこなう医療行為とは、明確に区別されなければならない。こうした理由から、根岸は民俗医療の担い手を、原則として、自然のなかに生き、自然に直接働きかけることによって日々の生活の糧を得て暮らしている常民に限定する。しかし、民俗医療の担い手をここまで限定すると、本稿でこれから見ていきたいと考えている課題、「どんな方法で病を治癒してきたか?」に答えることが難しくなってくる。そこでここでは、「民俗医療」という用語を用いつつも、病に冒されたり、予防したり、「医療」を受容した立場の側から民俗の医療を考察していくつもりだ。

根岸はまた、柳田民俗学において「俗信」のカテゴリーで扱ってきた呪術による治療や、「民間信仰」で扱ってきた神仏祈願による病気平癒の行動などを含めて、これらを医療というカテゴリーのなかで、あらためて検討するのが医療民俗学的立場だと主張する。根岸はさらに、医療民俗学研究の目的は、日本の常民の医療行為における西洋的な「科学的医療」と、非西洋的な「呪術による医療」という二重構造を解明することだという。こうした視点はきわめて今日的であり、現在のような未知の感染症への対処に苦慮しているなかで、示唆的な知見が少なからず含まれていることが想像される。

また石川県の事例を中心に、民間医療の歴史、分類、取り組みを調査・研究した今村充夫の『日本の民間医療』（一九八三年）も体系的な取り組みで、保健としての側面や、現代医学との比較にまで及ぶこの領域の重要な仕事である。根岸や今村の仕事は、新型ウィルスによる感染症の流行にたいしても、重要な知見をもたらしてくれるのではないか。医療の民俗学、民間医療の研究には大きな可能性があり、現在の状況はそれを深化させ、展開させていくまたとない機会だといえよう。

集団による病の予防

境を統御する

民俗的医療の領域はかなり幅広いものであることが想定されるが、ここではまず「民間信仰」として研究されてきた、共同体単位でおこなわれてきた、「疫病（流行病）」への対処を、集団による病の予防として整理しておきたい。

民俗社会・伝統社会では、年中行事として「疫神《えきしん》（感染症をもたらす悪神・悪霊）」を送る行事がおこなわれてきた。こうした行事は土地ごとにさまざまな形態でおこなわれ、多くの場合、藁の人形をつくって村落内を回って、村境の川などに送り出したり、人形に穢《けが》れを負わせたりする習俗が各地でみられる。小正月の火祭りや盆の送り火は、歳神や精霊を送ることだけが目的ではなく、疫神・悪霊を退けるための行為でもあった。疫神が共同体に侵入してくる前に、これを防ぐため「道切り」「辻切り」などの方法が試みられ、村の入り口に注連《しめ》を張って祈祷札を下げたり、大きな草鞋《わらじ》や草履《ぞうり》を吊るしたり、村境に「サイ（塞）の神」の祠を祀った。

千葉県市川市国府台《こうのだい》には「辻切り」行事が伝承されている。辻切りは、人畜に害を与える悪霊や悪疫が集落に侵入するのを防ぐため、各集落の出入口にあたる四隅の辻を霊力によって遮断してしまうことから起こった呼び名で、遮断の方法は注連縄を作って道に張るとか、大蛇を作ってその呪力によって侵入してくる悪霊を追い払うというような方法がとられた。千葉県では南部の地方では注連縄を張る集落が多く、北部の地方では大蛇を作る集落が多かったようである。国府台の辻切りは、毎年一月一七日に天満宮境内でおこなわれ、各自が持ち寄った藁で二メートルほどの長さの大蛇を四体作り、お神酒《みき》を飲ませて魂《たまい》入れをして、町の四隅にある木に頭を外に向けて結びつける。こうして大蛇は翌年まで風雨にさらされながら町内安全のため目を光らせる。

埼玉県川口市安行《あんぎょう》の原地区では、五月二四日に稲縄で大蛇を作る。この大蛇は疫病神を呑むといわれ、蛇作りを止めると疫病が流行し、禍が起きると言い伝えられている。かつて一度休んだときはコレラが大発生したともいう。香川県では正月一五日の小正月に「かいつり（粥釣り）」という行事がおこなわれ、子どもたちが重箱に黍藁《きびわら》などで作った小農具や小槌・枡を入れ、「かいつりを祝うていた」と言って家々を回った。家人は米や餅を彼らに与え、その夜や翌朝に、それを材料にして作った小豆粥を萱の箸で食べると、疫病を払い福を集めるという。

茨城県桜川市真壁町桜井の五味田《ごみた》地区では、二月八日の「事八日」に、長さ一メートルを超

国府台辻切り（千葉県市川市）

五味田の大草鞋（茨城県桜川市）

える大草鞋《おおわらじ》を編んで飾り、疫病除けを祈願する。大草鞋は、この地区の南側を流れる川に架かる鉄製の門に掲げられる。さらに、これより小ぶりな草鞋三枚を、地区の東・西・北の木に吊るす。大草鞋は、「この地区にはこんな大きな草鞋を履く巨人がいる」ことを示して厄神の侵入を防ぐ意味があるといわれている（この行事は二〇一八年から中断しているようである）。

季節の節目

根岸によると、日本の常民の伝承的習俗の事実、年中行事の項目に分類されている「ナゴシ（水無月祓）」や「祇園祭」を民間信仰（宗教学的解釈）とする立場と、民俗医療（医学的解釈）とする立場とがあるとし、民俗医療とするのが「伝承的習俗という事実」にたいする自身の解釈の立場であると表明する。また、「年中行事」のなかには、予防医学という視点から説明できるものがあり、「人の人生」のなかにも、通過儀礼というより、予防医学や治療医学という視点から説明できるものがあるという。

年中行事では春と秋の「七草粥」は、節句に際し季節の若菜を摘み食することで、無病息災を願う風習として定着したもので、通過儀礼では幼児の成長を確かめる「七五三」や「十三詣り」、成人以降の「厄年」にも身体の変化にたいする強い関心が込められている。しかし、民間信仰と民俗医療の境界を定めるのは困難であり、信仰と医療が渾然と一体化し、見定めることができないところにこそ、医療民俗学ならではの領域が広がっていると私は考える。

疫神除けの行事や祭りは、もともと臨時の祭りとしておこなわれてきたため、暮や正月、事八日（二月八日、一二月八日）、田植えのころ、盆の前や後、稲刈りのころというようにさまざまな日取りでおこなわれる。

神奈川県津久井郡津久井町渡戸《わたど》（現・相模原市緑区）では、一二月八日の事八日に目籠《めかご（めけえ）》を吊るして柊の枝を挿すと、疫病神が目を葉のとげで刺されて入ってこないという。目籠は目が千あり口が一つだから、疫病神は怖れて逃げるというのである。また「疫病神がやってくるから」と言って、下駄を見えないところに隠す。疫病神は下駄に判を押し、判を押された下駄をはくと、病気になるからだという。神奈川県川崎市麻生・多摩区あたりでは、一二月八日の晩に「メカリバアサン」、あるいは「帳ヅケバアサン」が、外に置いた履物に判を押して帳面につけていき、そこに名前をつけられた人は必ず病気になるという。しかし、バアサンは一月一四日に「セエノカミ」にその帳面を預けていくので、セエノカミの小屋を焼き払って疫病を防いだ。

新潟県岩船郡関川村では二月八日と一二月八日には「疫病神が来る」と言い、疫病神の食べ物として一年分の草餅一二個を木の枝にさげ、八日の朝にはそれを三叉路に立て、戸口には朝食が終わるまで、線香をきらさずにともしておいた。また、疫病神が家に入るのを防ぐために戸口に戸箕をさげた。新潟県新発田《しばた》市では、二月八日と一二月八日には疫病神を防ぐために、おはぎ三個を三本又の枝に挿し戸口に掲げて、ソバ殻、籾灰《もみはい》などを入り口の小路にまいた。

牛頭天王と蘇民将来

夏の京都を彩る祇園祭は、八坂神社（京都市東山区）の祭礼であり、古代・中世の疫病流行をきっかけにおこなわれるようになったものである。祇園祭は各地の八坂神社や津島神社など牛頭天王《ごずてんのう》を祀る社を中心に全国に分布し、疫病が蔓延しやすい六月から七月にかけておこなわれる。

牛頭天王は疫病神であり、疫病除けの尊格として各地に祀られたが、その信仰は次のような伝承に由来する。武塔神《むとうしん》が一夜の宿を乞うたとき、巨旦将来《こたんしょうらい》は裕福だったが拒み、蘇民将来《そみんしょうらい》は貧乏であったが快く宿を貸し、粟飯などで饗した。八年後に神は帰ってきて、蘇民とその子孫に「茅《ち》の輪《わ》を腰につけるように」と言った。その夜から疫病が流行り、蘇民と妻と子ども以外は死んでしまった。そのときに神は、「吾は速須佐能雄《はやすさのお》神で、後世に疫病が流行れば蘇民将来の子孫と言い、茅の輪を腰につければ災いを免れる」と告げた――。

こうした蘇民将来伝承と天王信仰にもとづき、さまざまな疫病除けの習俗や伝承が各地に残されている。

各地の神社で六月末日（または七月末日）の「夏越《なごし》の祓《はらえ》」の際におこなわれる茅の輪くぐりも蘇民将来伝承にもとづき、茅の輪を身につけた人は病気にかからず、蘇民将来にあやかり疫病神を祓うものである。また紙や板札に「蘇民将来子孫之門」とか「蘇民将来子孫繁昌也」などと書き、家の戸口に貼って魔除けとした。また「蘇民将来子孫」などの文字を記した「蘇民将来符」も厄除けの護符とされた。六角柱または八角柱のこの木の護符は、牛頭天王と縁の深い京都の八坂神社をはじめ、長野県の信濃国分寺など各地の社寺で授けられる。

地方でも牛頭天王を祀る「天王様」「祇園様」の行事がさまざまな形式でおこなわれた。新潟県岩船郡粟島浦村《あわしまうら》では、七月一四日には天王様に初生りの胡瓜を供え、家々では縁側に簀を

茅の輪（京都市東山区・八坂神社摂社疫神社）

下げ、杉の小枝に幣束《へいそく》を挿し、牛の絵紙を逆さにして入口に貼った。牛の足を上げておくと疫病神がきたときに、すぐ蹴り飛ばしてくれるからだといわれている。

呪術と施術

仏教では、地・水・火・風の調和が破れると病気になり、また邪鬼や魔物が人の体内に入ると病気になると説き、前世の因果にもとづく病を「業病」と呼びならわした。そこから、人体に入った邪気や魔物は、経文の読誦をはじめとする呪法によって、これを取り除かなければならないとした。僧侶による加持祈祷は、このような仏教医学にもとづいておこなわれるもので、西洋医学にもとづく科学的な医療体制が確立した現代社会においても、民間医療の重要な位置を占めている。たとえば寺院における厄除け、虫封じなどの修法が、大衆の根強い支持を得ているという現実があるのだ。

仏教医学にもとづく呪術的な医療とも、外科的手術や内科的施薬とも異なる治療・予防の伝統的な方法がある。患部に灸をすえる「灸治《きゅうじ》」、患部を圧したり、揉んだりする「按摩《あんま》」、治療や予防に効き目のある湯に浸かる「湯治《とうじ》」などがそれにあたる。

灸治では、ヨモギの葉を陰干しにして、臼でよくついたあと、篩《ふるい》にかけて、葉裏の白い毛だけを残したものを「艾《もぐさ》」と言い、少量をひねって丸めたものを、身体の患部にあたる「経穴《つぼ》」に置き、これに点火して、熱の刺激を加えて治療する。

按摩は一般的に、背中を指圧したり、手や足を揉んだりして、筋肉の硬化をほぐし、血行をよくする治療法をいう。律令時代には国家試験が実施され、ライセンスを持つ者が、国家の医療機関において、病人を治療した。按摩は民間に伝承されて盲人の専門職のようになり、この治療をおこなう盲人のことを「アンマサン」と呼んでいる。

アンマサンは笛を吹きながら「あんまけんびきはりりょうじ」と言って、町や村の通りを流して歩いた。半世紀前までは、日本の農村には、こうした盲人の按摩師がいて、激しい肉体労働の結果、足腰の痛みや肩凝りを訴える人々の治療にあたった。

湯治は病気や怪我を治療したり、予防したりするために、温泉に入浴することをいう。江戸時代には、漢方医によって温泉医学が大成されて、病気や怪我の治療にさかんに利用された。享保二年(一七一七)には、将軍吉宗が草津の湯を樽詰にして、江戸城にまで運ばせて入浴した。現在、湯畑の正面に「徳川八代将軍御汲上之湯」と書いた標柱が立ててある。

温泉信仰の起源

湯治場として栄えてきた温泉には起源説話があり、行基や弘法大師空海などの高僧が開いたとされているものが少なくない。草津温泉は養老年間（七一七〜二三）に行基が開いたと伝えられている。また川湯温泉や法師温泉は、弘法大師が諸国行脚《あんぎゃ》の折に、この地で水がなく困っている老婆に出会い、大師が杖を地面に突き刺したところ、その杖の穴から湯が湧き出たと伝えられている。

温泉による病の治癒と宗教・信仰の結びつきについては、開湯伝説の伝播と勧進聖《かんじんひじり》・遊行《ゆぎょう》僧《そう》・修験者の関係のほか、温泉寺や温泉神社、地蔵・観音・薬師の信仰、温泉経営と寺社の関係などの視点がある（鈴木健郎「日本の山岳信仰と温泉」）。

温泉寺・温泉神社についていえば、『延喜式』「神名帳」（九六七）には、有馬温泉の「湯泉《とうせん》神社」、伊香保温泉の「伊香保神社」、那須湯本温泉の「温泉《ゆぜん》神社」、鳴子温泉の「温泉神社」、道後温泉の「温泉神社」などが載っている。温泉神社のもともとの形態は、地元の温泉の「湯の神」を祭祀したものであろうが、現在は大己貴《おおなむち》（大国主）と少彦名《すくなひこな》を祭神とする例が多い。しかし、神社の祭神は近世以降に設定されたものも多く、また神仏習合だったものが、明治維新の神仏分離で神社に変えられてしまった場合も少なくない。

兵庫県神戸市の有馬温泉は、『日本書紀』に舒明天皇の行幸が記され、以降も法皇がたびたび入湯した歴史がある。神亀元年（七二四）に行基が薬師如来から、衰退しかかっていた有馬

温泉禅寺（兵庫県神戸市）

湯泉神社（兵庫県神戸市）

温泉を復興するように言われ、六甲山系愛宕山の中腹に薬師如来を本尊として「温泉寺」を開いたとされる。承徳元年（一〇九七）に有馬を襲った洪水で温泉寺も壊滅したが、建久二年（一一九一）、仁西《にんさい》上人が熊野権現の神託により温泉を修築、温泉寺を再興した。明治維新の廃仏毀釈で、薬師堂以外の堂塔はすべて取り壊されてしまったが、その後、温泉寺の奥の院だった黄《おう》檗宗《ばくしゅう》清涼院が寺籍を継いで現在に至っている。大己貴命、少彦名命、熊野久須美《くまのくすみ》命を祭神に祀る「湯泉神社」は、『延喜式』「神名帳」の摂津国有馬郡に、有間神社・公智《くち》神社とともに記載されている。以前は温泉寺境内に社殿があったが、明治一八年（一八八五）に現在地である愛宕山中腹に移建された。

大和国高取藩の藩医・柘植彰常《つげあきつね》が文化六年（一八〇九）に著した『温泉論』によると、有馬温泉は「悪疥《あくかい》・頑癬《がんせん》・麻疹・痘瘡」、不妊症や外傷、水銀剤治療の後遺症などに効くとされた。このうち水銀剤による後遺症は梅毒治療によるもので、有馬の湯は「金」を含有し、「水銀」を抜く力があるという理由からである。金を含んだ湯に浸かることにより、毛穴から汗とともに毒気が出ていくと彰常は考えていたようである（『温泉をよむ』）。

疫病への対処

紙を貼るまじない

未知の感染症の流行、疫病への対処にはさまざまな方法があった。そうしたなかに、ある特定の人物をめぐる伝承や風聞をもとに、その人物の名前を戸口などに掲げて除災を願うという習俗は数多く見られる。

釣船の船頭で清次という男がきすを一〇〇匹ほど釣った。築地本郷町の前海の波除《なみよけ》内に船を留めていると、髪や髯が逆立ち、唐人のような衣装を着た六尺余りの背丈のものからきすを求められた。そこで清次がきすを一匹渡したところ、男は「自分は疫神である。このお礼に「釣船清次」と名前が書かれた家には参ることはない」と言って立ち去った。その後、清次の仲間の妻が疫病を患っていたので、「釣船清次」と書いた札を渡したところ、病は全快した。その噂が近在に広まり、清次は皆に頼まれて札を書くようになったという。

赤い紙に小さい子どもの手の形を捺して、「吉三《きちざ》さんはおりません」と書いて門口に貼るという疫病神除けのまじないがある。八百屋お七が吉三に失恋したまま死んで「風邪の神」になり、吉三を取り殺そうと戸ごとに覗き歩くので、この赤い紙を貼り出しておくと、吉三の手形ではないので中を覗かずに帰ると信じられていた。文政三年（一八二〇）頃、京洛に「酒売る媼」という妖怪が出た。この妖婆が通ると一家中が疫病になるというので、人々は各家門の戸に「京に上酒あり」と書いて貼り、これを妖婆除けとしたという。

京都の祇園社あたりに住む老婆は、子どもの額に「狗の子」や「院の子」と呼ばれる朱印を押し、これをしないと疫病を免れることができないと言ったり、これを押すと夜泣きをしないと言ったりした。また岩手県二戸《にのへ》市では、流行病は爪から入ると言った。

東京都北区田端、東覚寺《とうがくじ》の門前に立つ一対の石造金剛力士立像は、体の悪いところに赤い紙を貼って

東覚寺「赤紙仁王」（東京都北区）

祈願すると病気が回復するとされ、「赤紙仁王《あかがみにおう》」の異名で信仰されている。この仁王像は寛永一八年（一六四一）、東覚寺住職賢盛の時代に、江戸市中に流行していた疫病を鎮めるため宗海という僧侶が願主となって造立されたと伝えられている。江戸時代末期まで、田端村の鎮守である八幡神社の社前にあったが、明治維新の神仏分離をきっかけに、別当寺だった東覚寺の境内に移された。しかし、仁王像に赤紙を貼るという風習自体は明治時代に入ってから広まったもののようである。

また、群馬県前橋市、太田市、桐生市あたりの旧家には疫神の詫び証文「疱瘡神五人相渡《ほうそうしんごにんあいわたし》誤証文事《あやまりしょうもんのこと》」が伝わっている。この証文は、「墨味筋悪」「脚早荷弾」「松皮掻姫」「煎粒姫」「部々寛味」の五神の連名で、子どもに疱瘡をうつしたことを詫び、その治療法を教え、以後は家に立ち入らないことを誓って、許しを請うている。

疱瘡除けの祈願

疱瘡《ほうそう》は全身に痘瘡ができて高熱を発し、致死率の高い感染症である。治癒しても痘痕（あばた）が残り、一九世紀に現在の予防接種が普及するまで、たいへん恐れられた。

元禄時代の医学書『小児養育しらぎ草』には「住吉大明神を疱瘡神としてまつるべしとい

う」とある。疱瘡は新羅からくる病だから、三韓征伐の神である住吉大明神を祀れば病魔に勝つという信心だった。江戸では出雲大社の末社で、現在、雑司ケ谷の大鳥《おおとり》神社の境内に祀られている鷺明神《さぎみょうじん》を疱瘡神として祀った。

疱瘡にかかると、疱瘡神を祀る「疱瘡祭」がおこなわれた。疱瘡祭において、庭に四本柱を立て、帷幕《いばく》をめぐらし、大臼をすえ、数十人の男女がはやしたてながら餅をつき、赤色の御幣で飾った神棚に供えた。子どもが疱瘡にかかったときには、部屋には赤い幔幕《まんまく》をはり、身の回りのものはいっさい赤いものだけを使った。肌着は紅紬《つむぎ》、紅木綿で作り、一二日間取り替えることを禁じた。患者だけでなく、看病人も赤い衣類を用い、玩具、本にいたるまですべて紅色を用

「疱瘡神祭る図」（『疱瘡心得草』寛政10年［1798］より）
国立国会図書館デジタルコレクション

いた。なぜ赤色が選ばれたかについては、痘瘡の色を赤いとみなしただけでなく、赤は魔除け色だという原始的・古代的観念に由来するものだと考えられる。

江戸では嬰児が疱瘡にかかると、桟俵《さんだわら》を敷き、その上に張子《はりこ》の達磨《だるま》や木兎《みみずく》、鯛車などを載せて枕元に飾る。そして幣帛《へいはく》を立てたり赤飯を供えたりして、疱瘡の治ることを祈る。半月経つと疱瘡も峠を過ぎたものとして、供えた赤飯から三粒をとって紙に包み、三つ辻の角へ持っていって捨てる。この赤飯を、まだ疱瘡の終わっていない子どもを持つ母親が持って帰って子に食べさせた。そうすると疱瘡が軽くすんだ小児にあやかることができるという。一月一四日に仙台でおこなわれる「ちやせご」は、疱瘡前の子どもが晴れ着を

歌川国芳「鎮西八郎為朝 疱瘡神」東京都立中央図書館特別文庫室所蔵

着て七軒をまわり、餅をもらう行事で、そうすると疱瘡が軽くてすむといわれた。

幕末になると、疱瘡除けの錦絵がもてはやされるようになり、疱瘡神を退治したと信じられた「鎮西八郎為朝《ちんぜいはちろうためとも》」が好んで描かれた。こうした疱瘡絵の題材は為朝のほかに、鐘馗《しょうき》や、縁起のよい春駒、羽子板、金太郎、桃太郎などもあった。また、中国の伝説上の生き物で、能の演目にも真っ赤な装束で登場する「猩々《しょうじょう》」の人形も疱瘡神除けに作られた。

為朝は遠流《おんる》先の伊豆大島で大王と崇められ、あらゆる厄神を退治したので、島の人々は病にかからなかったといい、この伝承から為朝の錦絵は病気平癒を祈る刷り物として人気を集めた。為朝が鬼ヶ島に渡って鬼退治をしたという伝説にもとづき、鬼を疱瘡神に見立てて為朝の豪勇を示した構図の絵馬が、維新以前に天然痘が流行ったときに多く作られた。たとえば、大阪市中の地蔵堂に鎮西為朝の絵馬が掛かっていれば、それをもらって帰り、家の門口に吊るしておくと子どもの疱瘡が軽くなったという。いっぽう八丈島では、為朝が八丈ヶ島の異類を退治し、鎮護のために自分の姿を楠で作り、幕府はこの像に毎年鎧を奉げることが恒例になっていた。正徳二年（一七一二）、島民が間違えてこの像を島から運び出したところ痘瘡《もがさ》が流行り、島民四〇〇人が死んだ。

戦国時代の武将、名護屋山三郎の家来に、佐々良三八という美男がいた。あるとき路上でひとりの男が多くの犬に囲まれて弱っているのを助けた。この男はじつは疱瘡神で、「お礼にあなたの名前の出ている家には決して入りません」と誓った。それから、七穴のあわび貝に「佐々良三八様御宿」と書いておけば、疱瘡にかからないとされた。備藩（岡山県）には梶浦勘助という武芸に優れ、相撲好きのものがいた。ある夜、山伏風の者から名前を呼ばれて見てみると、「自分は流行している疱瘡神だ」と言う。そして「相撲を取って、自分が勝ったら取り殺し、負けたら一族みな疱瘡の難を逃れさせる」と言い、結局勘助が勝ち、疱瘡にかかることがなかった。

福井県遠敷《おにゅう》郡名田庄《なたしょう》村（現・おおい町）では、節分の夜、床の間に二膳を用意して灯りを消し、「ホーソージさん」の訪れを待つ。膳が二膳なのは疱瘡神が老翁と老婆だからで、しばらくするとカタリと音がして、疱瘡神がきたことがわかるという。東京県八王子市恩方《おんがた》村では、疱瘡にかかった男が高熱を出し、寝床で薄目を開けていると、枕元に見知らぬ娘がかしこまっていた。その娘は疱瘡神であったという。女の場合は、男の疱瘡神が枕元にいるという。

疱瘡にかかる前の小児は、毎月八日の朝五つ前までに、江戸の浅草寺雷門に行って雷神の股を潜らせると瘡難は軽くなる。また、駱駝《らくだ》の図を貼っておいて、それをつねに見る子どもは、疱瘡や麻疹にかかっても症状が軽いという。痘瘡《もがさ》が目に広がって目の感覚がなくなったときには、なりひさご（瓢箪）の油を目に入れるとたちまちにして治るといった。

疱瘡神社

山梨県上野原市塚場の「疱瘡神社」は、越前の湯尾峠《ゆのお》（現・福井県南越前町）を出て諸国を巡っていたお婆さんが塚場地区で倒れ、痘瘡の残る顔で「疱瘡神を祀れば、必ず疫病から逃れられる」と言い残して亡くなり、「疱瘡婆さん」と呼ばれるようになった。塚場の人々は湯尾峠まで行き、疱瘡神の分霊を迎えて、万治四年（一六六一）に疱瘡神社を建てたという。

疱瘡婆さんの出身地である湯尾峠の茶屋では、「孫嫡子《まごちやくし》」という疱瘡除けの守札《まもりふだ》を出していた。孫嫡子は光明童子という神の化身の子どもで、東大寺で修行したのち、父の形見の如意輪観音像を奉じてお堂を建てて、旅人たちの病を癒した。あるいは、昔、疱瘡神が越前の湯尾に一宿した。その際もてなしを受けたので、礼として、その家のものは疱瘡にかからなくなったという。この孫嫡子信仰は、井原西鶴の『男色大鏡《なんしよくおおかがみ》』、近松門左衛門の『傾城反魂香《けいせいはんごんこう》』、十返舎一九の『湯尾峠孫嫡子』などにも登場し、全国にその名を知られるようになった。

兵庫県高砂市曽根町に「曽根の松」で有名な曽根天満宮があり、境内の一角に、風化した奇妙な板碑が祀られている。石の説明板に「ほうそう神様」とあり、次のように記されている。この板碑は天満宮に残る最古の石造物で、一三〇〇年代（鎌倉時代末期）に造立されたものと思われる。江戸時代中頃から難病や流行病の予防治癒を祈願するようになった。とくに疱瘡の神様として広く信仰を集め、赤い紙に氏名年齢を記し、貼りつけたり結わえたりして願掛けをしていた。この石造物は風化がかなり進んでいるが、造像形式、あるいは当時の信仰習俗等から、台座の上に立つ仏三体が、石板に半陽刻された三尊石仏像であろうと類推される――。

『高砂市史 曽根篇』（一九六四年）によると、この板碑が当初から同社の境内にあったものかどうか神官も承知していないとし、地元の老人の話では、「赤い紙は付近の木の枝にも結ばれ、ときどき石のへこんだところに赤い紙がねじ込まれているのを見たことがあった」という。

曽根八幡宮「疱瘡神板碑」（兵庫県高砂市）

関東地方東部には「疱瘡神」と記した文字碑や疱瘡神をかたどった石像が残されている。石像は双体神像の場合もあるが、千葉市若葉区大宮町の大宮神社の社殿脇に立つ「疱瘡神石塔」は、杖をつく老婆の姿で、文政九年（一八二六）の建立と記されている。疱瘡神の背景に刻まれた樹木は梅だと思われ、その由来は花が散ることを疫病の終息になぞらえる「鎮花祭」から来ている、寒さのなかでほかの花に先んじて咲くことで生命力の再生を象徴している、あるいは梅の花の咲くころから疫病が流行り出すなどといった説がある。

「はしか」の民俗

麻疹《ましん》は「はしか」とも言い、感染力の強い疾患で、一生に一度はかかると考えられている。はしかになると喉や肌がしびれたり、突き刺すよう感覚を覚えたりする。それを麦や稲の穂先でこすったような感覚として捉え、関西ではそれを「ハシカイ」と言い、関東では「イナスリ」と言った。

徳島県の祖谷地方では麻疹や百日

大宮神社「疱瘡神石塔」文政９年（1826)、（千葉市若葉区）

咳除けとして桑の木細工を首にかけたり、南天の枝を肌につけたり、鮑《あわび》の貝殻を軒先に吊るすなどした。兵庫県の但馬《たじま》地方山間部では「はしか送り」といって、桟俵にのせた小豆入りの握り飯二つ、それに水引きをかけた笹の葉を添えたものを家の近くの四つ辻に置くこともあった。

愛媛県西条市では、はしかが治ったら、便所の神様（チョウズの神様）にお供え物をしてはしかにかかったことの証人になってもらう。そうしないと、はしかにまたかかるといわれている。新潟県中頸城《なかくびき》郡吉川町（現・上越市吉川区）では、はしかが治って一二日目に、はしかの神様の神放しとして、藁のサンバイシ（桟俵）を子どもの頭に乗せ、束ねた笹の葉にお湯を掛けて、サンバイシを家の向かいの木に下げたり、小豆飯を添えたりした。

ほかには、葉の裏を傷つけると字が書ける多良葉《たらよう》の葉にまじないの歌をしたため、川に流すと症状が軽くなり、余病を発することもない、あるいは、はしかにかからないうちに飼馬桶をかぶせると難を免れ、たとえかかったとしても軽くすむ呪的な祈願方法もあった。伊勢えび、干し柿、蜂の巣を煎じたものや、金柑《きんかん》、犀角《さいかく》などを飲ませることがあった。これは早く真っ赤になり、発疹を出しきれば安全だという迷信によるものである。

文久二年（一八六二）、はしかが未曾有の大流行をした。そのときはしかの予防法や摂生の仕方を描いた錦絵、「はしか絵」が一〇〇種類以上出版された。はしか絵には、はしかの予防や心得、はしかにかかっても軽くすむまじないとか、食べてよいもの・悪いものや、日常生活の摂生、病後の養生法などについて書き添えてあった。

はしか絵による食べてもよいものは、人参・大根・さつまいも・びわなどの野菜・果物から、どじょう・鮑・しじみ・わかめなどの海産物、麦・小豆・砂糖などの穀物・調味料、みそづけ・たくあんなどの加工食品と幅広い食材が挙げられる。食べてはいけないものは、ほうれん草・ねぎ・ごぼう・里芋・椎茸・梅干しなど、栄養がありそうなもののほか、「辛き物」や「油濃き物一切」が挙げられていることから、比較的刺激の強い食べ物が避けられたのだろうか。

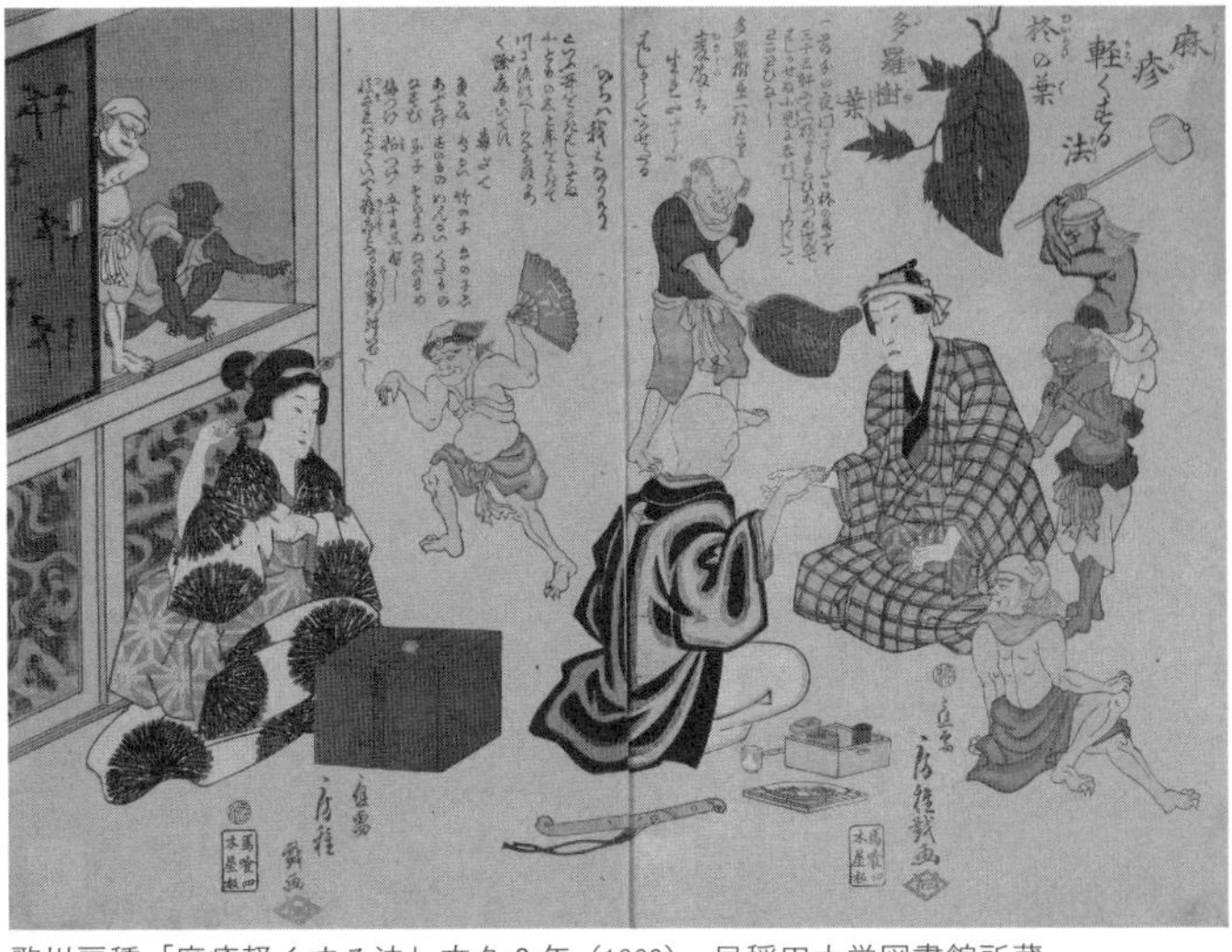

歌川房種「麻疹軽くする法」文久２年（1862）、早稲田大学図書館所蔵

風土病――つつが虫病

江戸時代後期に東北を旅した菅江真澄が著した『雪の出羽路雄勝郡』（一八一四年）に現在の湯沢市の記述で「毛螫《けだに》の螫《さし》たるときは身におぼゆることもなう、かくて発熱して」とあり、また「この虫越後国にもあり、名を島虫またつつがの虫という也」とも記されている。毛蝨、毛虱、沙虱、計太仁などの当て字もあるケダニによる風土病（地方病）、ツツガムシ病の「つつが」は、もともと災難、病を意味し、「病気を起こす虫」として明治期に医学者が「恙虫《つつがむし》」という語を使いはじめたとされる。新潟県南魚沼郡の八箇《はっか》村では、ツツガムシを「赤虫」と呼び、宝暦年間からさかんに発生するようになったという。

この病気が新潟県において文献に記録されたはじめは、宝暦四年（一七五四）である。新発田藩が南蒲原《みなみかんばら》郡中之島村（現・長岡市）脇川の新田開拓工事の際に、赤虫に刺されて発病するものがあり、続いて享和元年（一八〇一）八月、中之島村中条で大流行したとある。はじめのうちは祈祷などで病苦を免れようとしたが、どうして高い熱を出して人が死ぬのか、その原因がわからなかった。そのうち草刈りなどの折に、虫に刺されると高熱が出ることがわかり、川堤に仕事に行く人は、鶏糞を細かくして身体に塗って行くとよいと言われて、そうしたものも多かった。また危険地帯と思われるところを通るときは、火で身体をあぶり、萱の葉や笹の葉でよく身体をこすっておくと赤虫に刺されないと言われた。加茂市の加茂新田村付近では、ミョウガの葉で草を払って行けば、赤虫に刺されないとされた。

さまざまな虫除け法が試みられたが、赤虫に刺されたら、虫を針で少しでも残らないように掘り出すことがよくおこなわれた。そして掘り出したあとにチサの葉やサイカチの揉み汁、ニンニクをつぶしたもの、明礬《みょうばん》などをつけるとよいとされた。

「ケダニ」の被害と信仰

秋田県の県南、湯沢市や横手市などの雄物《おもの》川流域には、この病にかからぬよう、ケダニが悪さをしないよう、庶民が祈って建立した「ケダニ地蔵」や「ケダニ神社」「ケダニのお堂っこ」などが残る。ツツガムシ病の被害が大きかった湯沢市の弁天地区には大きな地蔵堂が立つ。

ある年、出羽の湯殿山からつかわされた鉄門《てつもん》海《かい》上人が、この悪病を調伏しようとした。上人は地蔵尊のお札を三〇〇〇枚作り、住民に告げた。「毎年この札を流すように。この札がなくなるときに悪病も退散するだろう」。以来、村人たちは毎年、地蔵尊の縁日にお札を川に流して疫病退散を祈願した。いつのころからか、このお札を拾った者だけが悪病から免れるとされ、この日、人々は先を争って川に飛び込み、お札拾いの争奪になった――。ケダニ地蔵は今も地区で祀られている。その弁天地区と接する湯沢市柳田の八幡神社境内には、「砂虱《けだに》大権現」の石碑がある。これも鉄門海上人がツツガムシ病の退散を祈り、建立したと伝わる。鉄門海上人は民衆を救うためのさまざまな社会事業をおこなった末、文政一二年（一八二九）湯殿山で即身仏になった。

湯殿山と月山、羽黒山からなる出羽三山の開祖とされる蜂子皇子《はちこのおうじ》は、病気を起こす悪魔とされる虫に火を放って退治したという。その故事にちなみ、大みそかの日に羽黒山頂でおこなわれる松例祭《しょうれいさい》では、悪魔に擬して恙虫をかたどった大松明を作り、焼き捨てる（「つつが虫病　東北に伝わる疫病退散の祈り」河北新報オンライン、二〇二一年五月二四日）。

ツツガムシ病は、明治一一年（一八七八）にオランダ系スコットランド人宣教師セオボールドが研究を開始し、ドイツの医師エルヴィン・フォン・ベルツと川上清哉も研究を重ねたが、新潟医科大学の川村鱗也が、病原体がリケッチア（細菌の一種）であることを突き止めたことで治療法が確立した。

民間医療の担い手

行者・祈祷師の活躍

民間医療の担い手として「行者」、あるいは「祈祷師」と呼ばれる人々は、苦行などによって超人間的な霊力を持つと信じられ、祈祷、予言託宣、卜占などの宗教行為をおこなった。行者になるには山林抖擻《さんりんとそう》や護摩行《ごまぎょう》、火渡り、剣登り、盟神探湯《くがたち》（熱湯に手を入れ、熱湯を頭からかぶる）などの苦行を経ることから、その加持祈祷は、祀る神仏の力に行者の霊力が加わることで、病直しなどの奇跡が起こるものだと信じられている。歴史的には修験道に属してきたが、近代以降は天台宗や真言宗、日蓮宗などに組み込まれたり、教派神道として伏見稲荷大社や出雲大社に属したりもする。なかでも、木曽御嶽《おんたけ》修験道の行者の活動は活発で、神道の形式をとりながら予言託宣と病除けなどの祈祷をおこなう。

彼らは、神官や僧侶などとは異なる呪術的な宗教家であるが、その民俗性から庶民の支持を受けてきた。木曽御嶽信仰圏にある信州・長野県では、彼らのことを「御嶽行者」、「御嶽様」「行者様」などと呼び、病気や障り、祟りがあると願ってもらうという。ほかには、「テングサマ」や「ニチレンサマ」（安曇野市）、「ホーゲンサマ（法眼様）」（北安曇郡小谷村）など地域ごとにさまざまな呼称があり、民間に広く深く浸透していたことがわかる。

修験山伏による造薬・売薬

中世以降から、行者・祈祷師よりも組織だった民間宗教者・修験者（山伏）による造薬・売薬活動があり、その活動が民間薬の普及に大きな役割を果たした。白山の修験者が医薬を持参し、近江国甲賀郡（現・滋賀県甲賀市）飯道山《はんどうさん》の修験者も伊勢の「万金丹《まんきんたん》」を携えて配札をおこならなど、彼らの医療活動は近世を通して展開された。彼らはまた、医療活動に必要な医学書、薬剤書を持ち、その内容は呪術的な療法もあるものの、部分的には正統的医学書だった。こうした修験者と医療の関係はほぼ全国に共通し、また修験者にかぎらず諸国を遊行する宗教者は、簡単な医療知識と医薬を持っていた。

また、著名な売薬・寺伝薬・家伝薬の始まりは、神仏の夢告によって調合されたというものが多くを占めている。越中富山の薬売りが全国にもたらした「反魂丹《はんごんたん》」は、立山権現の夢告による医薬だと伝わり、越後の「毒消し」は、ある漁師が弥彦《やひこ》神の神勅によってその処方を授かり、越後国角海浜村（現・新潟市西蒲区）の称名寺に伝わったといわれる。眼科の祖といわれる「馬島《まじま》流」の目薬は、尾張国海東郡馬島村（現・愛知県海部郡大治《おおはる》町）の明眼院で生まれ、清眼僧都が夢告によって伝授された、大和・西大寺（現・奈良県奈良市）の「豊心丹《ほうしんたん》」は興正菩薩・叡尊が伊勢神宮に参籠し、満願の夜に神勅として処方を得たと伝えられている（根井浄「富山売薬と修験者について」)。

家伝薬・万能薬の効能

呪術と科学の合わせ技

『医療民俗学論』で根岸も指摘していたことだが、日本人の医療態度をみると、科学技術と呪術とが同居しており、しかもそうした結びつきの滑稽さを自覚していない。たとえば打撲傷を負うと、科学的な治療法に加えて、呪術による治療をも同時に合わせておこなうのだ。

群馬県邑楽《おうら》郡大泉町寄木戸《よりきど》では、打撲傷の治療には「ハナカキ」(正月の削り花)に使った木を蒸し焼きにして粉にし、これに小麦粉と酢を加えて練ったものを患部に貼ると痛みがとれるといわれた。正月の削り花を使用するのは、祖霊を祀る正月の神聖な祭具の呪力を援用して、西洋医学の知識から得た科学的治療をおこなっていることになる。つまり、科学的治療に属するものは酢の使用だけで、酢に含まれているCH_3COOH(酢酸)が、打撲を受けて炎症を起こした筋肉を鎮静させる作用を果たしているのである。根岸によると、このようなことは民俗医療の臨床例にはよくみられることだという。

民俗医療に使われる薬物には、どんな怪我や病気にも効能があるという「万能薬」や、その薬を製造している家の先祖から伝来したものだという「家伝薬」が、戦前まではさかんに利用されていた。

呪術と結びついた非科学的な薬が、庶民に受け入れられてきたのは、その処方が秘密とされ、これを権威づけるための伝承を持つことも普及した理由のひとつである。

「陀羅尼助《だらにすけ》」は、さまざまな症状に用いられる胃腸薬で、下痢止めと整腸作用を兼ね備える。キハダの皮を煎じ、山で採れる薬草を混

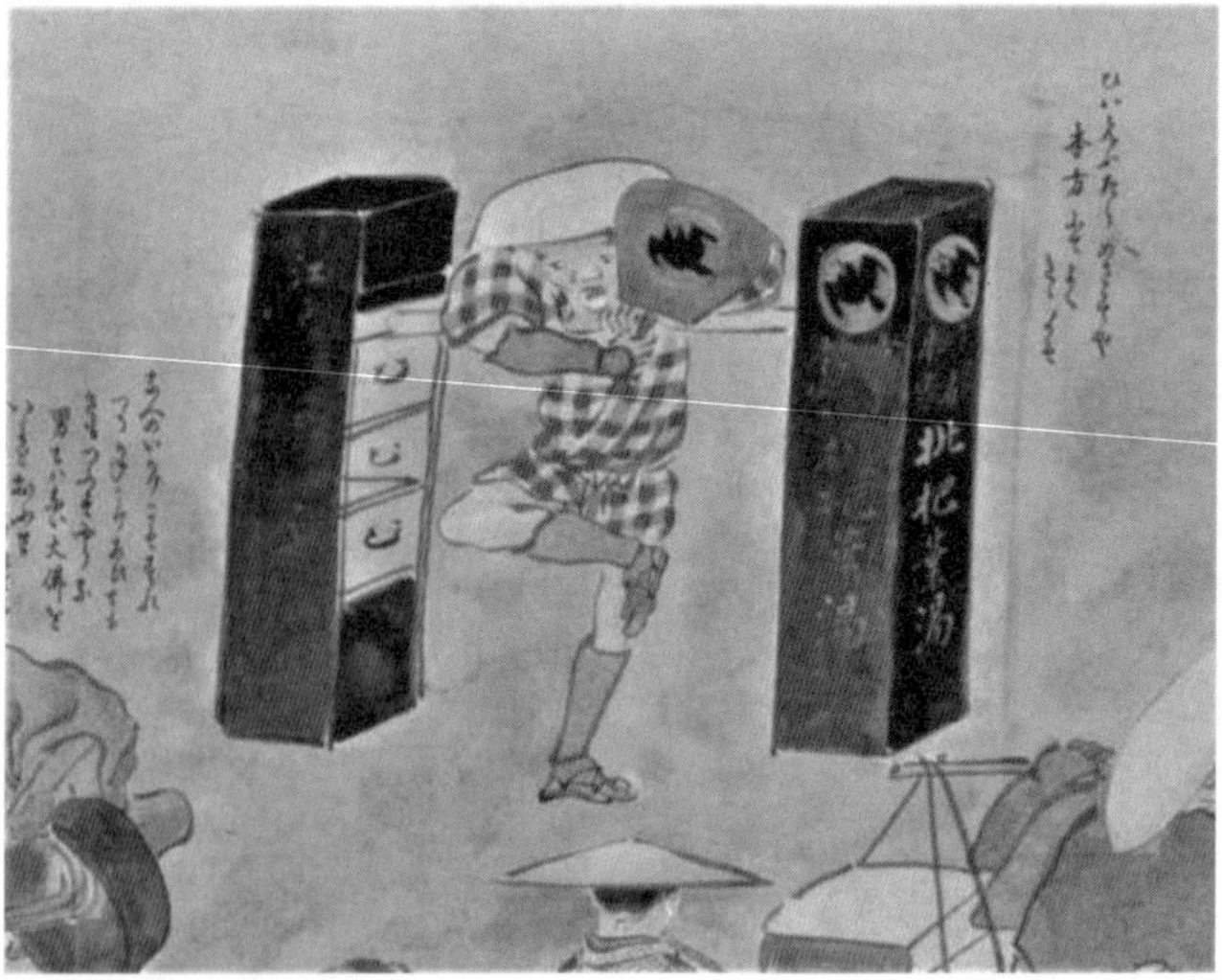

「薬売り」（鍬形蕙斎『職人尽絵詞』より）国立国会図書館デジタルコレクション

ぜて作られていたこの薬は、大峰山と高野山の二つの起源があるとされ、大峰山では役《えんの》行者《ぎょうじゃ》（小角《おづぬ》）、高野山では弘法大師が始祖といわれている。その後、大峰山をルーツとする陀羅尼助は、吉野山《よしのやま》や当麻寺《たいま》でも作られるようになった。陀羅尼助は当初、山伏たちの持薬・施薬として用いられたようだが、近世中期になって売薬として市場に出回るようになった。現在でも、奈良県吉野郡天川村《てんかわ》洞川《どろがわ》と吉野山で製造されている。

「奇応丸《きおうがん》」は、子どもがさまざまな病気で衰弱したり、呼吸が弱くなったり、神経症状が起きたりしたときに服用する五疳薬《ごかんやく》で、一般にも知られる樋屋《ひや》家の奇応丸は、東大寺の鐘楼の太鼓の中に書かれていた薬方にもとづき再現されたものといわれている。

「陀羅尼助」の製造販売元のひとつ（奈良県吉野郡吉野町）

「妖怪」が授けた医薬

悪さをした河童が人間に捕まり、切られたその手を返してもらう見返りに、骨継ぎや打ち身、止血などに効能のある秘伝薬の製法を人間に伝授することもあった。

群馬県六合《くに》村赤岩（現・吾妻郡中之条町）の湯本家に伝わる「命宝散《めいほうさん》」は、打撲・骨折・切り傷などの特効薬として県内外に売られて繁盛したが、この家伝薬の製法は、切り落とした腕を返してくれれば、お礼に傷薬の作り方を教えるといった河童から伝授されたものである。湯本氏は河童から習った傷薬に「命宝散」のラベルを貼り、ひろく売り出したところ評判となり、湯本氏は六合村一番の資産家となった。命宝散は酒に溶き、おもに外用薬として用いられたが、婦人病にも卓効ありとされ、内服薬としても用いられた。甘草《かんぞう》・桂枝《けいし》・乾姜《かんきょう》などの生薬を粉末としたものを混ぜ、これに百草を加えて製したもので、漢方医である湯本氏の調合した漢方薬である。

江戸時代に「河童医者」と呼ばれた新潟県長岡市島崎の桑原家は、河童から授かったとされる妙薬を所蔵し、止血に効能があったといわれている。宝暦六年（一七五六）の『越後名寄《えちごなよせ》』の記事には、その薬を懐中にいれて席につくだけで、患者の血が止まったと記されている。薬の原料や成分は不明だが、双六石《すごろく》に似た形で、長さが七、八分（約二センチメートル）であったと記されている。

桑原家に所蔵された『水神相伝』には、同家に伝わる河童の妙薬を「阿伊寿《あいす》」と記している。河童から伝授された妙薬を「あいす」と呼ぶ例は、新潟県内に少なくない。こうした「あいす」の原料は、おもに酸化鉄を含有する赤土である無名異《むみょうい》、キハダの樹皮である黄檗《おうばく》、ヤマモモの樹皮である揚梅皮《ようばいひ》などで、これに酢と水を調合して使用する。

新潟市中央区にある猫山宮尾病院では、近年まで河童から伝授された「猫山あいす」の湿布薬が処方されていた。「猫山あいす」は深緑色の粉末で、これを水や酢で溶き、耳たぶぐらいの硬さになるまで練った後、和紙にのばして患部に貼った。なぜ河童の薬が「あいす」と呼ばれていたのか。薬を「酢と和える」ため「和え酢（あえす）＝あいす」とする説もあるが、語源は明らかでない。

山犬がくれた万能薬

群馬県藤岡市上日野《かみひの》の黒沢家に伝わる万能薬に、山犬がくれたイノシシの牙というものがある。幕末の頃、先祖の松原一郎衛門が、甘楽《かんら》郡小幡《おばた》（現・甘楽町）から帰る道すがら、二本木峠で送り狼の山犬に出会った。見ると山犬は口の中にイノシシの牙がささって、苦しんでいる。

そこで手を入れて牙を抜き取ってやった。それから後は、一郎衛門が二本木峠を越えるときには、必ずそのときに助けた山犬が出てきて、送り迎えをして護ってくれた。この山犬の口の中に刺さっていたイノシシの牙が万能薬で、麻疹などの熱病には特別によく効くと評判だった。この薬は非売品で、村人が病気になると分けてもらいにきた。黒沢家に保存されているイノシシの牙は、約七センチメートルで、削った痕跡がはっきりとある。しかし現在は、この牙を削って飲むものはいないという。

山犬のくれたイノシシの牙は、実際に薬効を発揮するかどうか疑わしく科学的医療とは言いがたい。だが、「病人が薬としてこれを飲み、たしかに治った」という事実があったのである。

神秘の医薬

群馬県前橋市石倉町の浅見家に伝わる万能薬は、耳だれに特別な効能があるといわれた。薬は、壺の中に自然に生じるもので、浅見家の床の間にひび焼き壺が置いてあり、壺の中は空《から》だが、内部が湿りを帯びていて、薬は自然に生じる。これを匙《さじ》で掻き出して患者に投与すると、たいていの病気は治り、医者にかかっても治らない難病が一週間で治った例があるという。浅見家の人の話によると、この壺はある旅の僧からもらったもので、一度ほかの家へ貸し出したが効き目がなかったと言い、浅見家の主人以外のものがこの壺を用いても、薬効はないと信じられている。

陀羅尼助や河童の妙薬はともかく、イノシシの牙や浅見家の家伝薬によって病が治ったという経験と記憶、その伝承は科学的で合理的な身体観からは認めがたいことだろう。しかし、信仰や信心にもとづく医療行為、施術や施薬の実態を掘り起こしていくことで、病苦という困難に立ち向かってきた先人の民俗的な知性の一端を垣間見ることができる。

さまざまな民俗的医療の取り組みを概観してみると、合理性を超えた文化を生み出したことを評価すべきだし、宗教に満たない民間信仰であればこそ、その呪術的な感情への作用が病にたいしてある種の効能を発揮してきたと思わざるを得ない。私たちが築きあげてきた民俗の営為を、科学や合理の名のもとに否定することはたやすい。しかし、呪術を呪術として認め、信仰をある種の方便として利用することは危機的状況の中で心の平安に寄与することもありうるのではないか。病気をめぐる民俗は、医療の枠内で理解するだけではなく、芸術や芸能を生み出す契機としても機能し、私たちの生活を彩ってもきたのだ。

コロナ禍は潜在的な分断を露呈するばかりで、この機会を逆手に取った新しい表現や、新しい社会のありかたを生み出すことができずにいる。医療民俗学の領域は、こうした側面についても切実で先端的な問題提起ができるのではないかと思うのである。

2　ケガレとコロナ

疫病神とウイルス

疫病神は下級の悪霊

古来日本では、疾病は目に見えない存在によってもたらされるものだと信じられてきた。なかでも疫病（流行病）や治療が困難な病の原因は、もののけや怨霊、悪神、悪鬼によるものだと考えられた。こうした疫病を流行らせる悪神を疫病神（やくびょうがみ・えきびょうしん。厄病神・疫神・厄神などとも記す）と呼んで恐れてきたのである。

しかし、疫病神は、畏敬の対象であるほかの神々よりも地位が低いとみられて、その対処法も見下したものだった。

「疫神は神とも言えないほどの下級の悪霊であって、そのためにかえって行動に軌道がなく、単純な統制に服せしめがたいと見たか、ただしはまたそういう貴い御力を煩わすまでもなく、人が相対づくに騙《だま》してでも追い返すことができると見たものか、この流行病の運搬者だけに対しては、地方自治ともいうべきいろいろの撃退策が、少なくとも近世に入って盛んに採用せられていたのである。」（柳田国男「王禅寺」）

柳田のいう「神とも言えない下級の悪霊」とはいかなる存在で、こうした疫病神と日本人はどのようにつきあってきたのだろうか。

境界を超えてくる存在への防御

日本列島の各地で疫病神の侵入を防ぎ、逃れようとするための習俗がおこなわれてきた。

富山県富山市の柳町では、風邪・赤痢・麻疹などの疫病除けに、戸口に手形を貼り、悪疫が屋内に入るのを防いだ。大阪市中では、地蔵堂に鎮西為朝の絵馬が掛かっていると、それをもらって帰り、家の門口に吊るした。そうすると子どもの疱瘡《ほうそう》が軽くなるといわれたからである。

愛媛県西条市藤之石の本郷という集落では、農家の入り口の軒下に、はしか除けのまじないとして小さい袋を吊るした。袋の中身はソバとアワで、「ソバまで来たがアワざった」、つまり「近くまで来たが会わなかった」という意味だという。同じ西条市では、はしかが治ったら便所の神様（チョウズの神様）にお供え物をして、はしかにかかったことの証人になってもらう。そうしないと、はしかにまたかかるといわれる。また、群馬県勢多《せた》郡北橘《きたたちばな》村（現・渋川市北橘町）八崎《はっさき》や利根郡越本の旧家には、屋敷に入った疫病神が、心得違いを詫び、「以後は決して入らない」と誓い、許しを請うた文書が伝えられている。

疫病神は居留守や駄洒落で追い払うことができるとみられていた。こうした民俗は、柳田が指摘したとおり、疫病神が超越的な力を用いずに排除されるものだと信じられていたこと、また疫病神は外部から侵入するもので、対処するには他愛ない迷信が用いられてきたことがわかる。

疫病の記憶を年中行事で刻む

疫病神を忌避し、排除するための行事は、流行病の蔓延を待たず、年中行事として時期を決めておこなうことも多い。

とくに二月八日と一二月八日は「事八日《ことようか》」といい、関東地方を中心に、一つ目、一本足の疫病神がやってくるとして、それを退けるための行事が各地でおこなわれてきた。

神奈川県の川崎では二月八日、家の出入口に柊《ひいらぎ》を添えた目籠を竿の先に掛けて立てておき、さらにその下に米のとぎ汁を桶に張って置いておいた。これは桶の水を飲もうとした目一つの疫病神が、そこに映った目籠に驚いて逃げるからだという。福島県東白川郡塙町《はなわまち》では、二月八日と一〇日にはニンニク味噌やネギをこしらえ、くさくて疫病神が入ってこられないようにした。

事八日の日以外にも、疫病神除けの年中行事をおこなってきた地域もある。山口県の周防大島《すおうおおしま》では、正月七日の朝には、疫病神が札を配って歩くので朝寝をする。そして朝、戸を開くときには、門口で疫病神が嫌う線香を焚くと病気にかからないという。茨城県那珂《なか》郡（現・那珂町）では、七夕の日に天の川の水が増すと、それを伝って疫病神がやって来るといい、芋の葉の露で「天の川」と書いた短冊を木にぶら下げた。

疫病神は共同体にとって招かれざる来訪者だった。そして妖怪のような〝異物〟というより、霊的な存在だとみてきた地域が多いようである。人々はこうした奇妙な存在にたいし、かつて発生した疫病の恐怖を記憶しておくため、共同体で定めた節目の日に除災祈願を続けてきたのである。

ウイルスは、生物か無生物か

疫病神は「妖怪」のように視覚化されないことが多い。「一つ目、一本足」でイメージする地域はあるものの、河童や天狗、あるいはアマビエなどのように、絵姿を記録した例は少ない。たとえば天然痘除けを祈願した「疱瘡神《ほうそうがみ》」でも、図像や彫像はあるものの、その多くが文字塔の形で信仰されてきたのである。河川の氾濫にもとづく水害、火山による噴火災害、地震や津波による災害とは異なり、民俗社会において感染症を引き起こすウイルスは、不定形なものとして捉えられてきたからではないだろうか。

現在では、ウイルスは、電子顕微鏡でしか見ることのできない極小の微粒子だということが明らかになっている。ウイルスはまた、生物と無生物のあいだに漂う奇妙な存在だといわれてもいる。これは疫病神が「神」でも「妖怪」でもなく、もちろん「人間」でもない境界的なものだとみられてきたことと重ならないだろうか。

ウイルス学研究者の山内一也は『ウイルスの意味論——生命の定義を超えた存在』(二〇一八年)において、ウイルスと人間をはじめとする宿主との関係を次のように述べている。

「現在、われわれの周囲に存在するウイルスの多くは、おそらく数百万年から数千万年にもわたって宿主生物と平和共存してきたものである。人間社会との遭遇は、ウイルスにとってはその長い歴史のなかのほんの一コマにすぎない。しかし、わずか数十年の間に、ウイルスは人間社会のなかでそれまでに経験したことのないさまざまなプレッシャーを受けるようになった。われわれにとっての激動の世界は、ウイルスにとっても同じなのである。」

経験で捉えてきた、目に見えぬ存在

疫病神は民俗社会に実在したが、妖怪のような目に見える特徴を見せることは少ない。また柳田がいうように「行動に軌道がなく、単純な統制に服せしめがたい」ものの、超越的な「神」の手を煩わせず、人間の手で克服できるものだとみられてきたのだ。

疫病は民俗社会にも、多くの苦難を与えてきた。しかし、疫病をもたらすものは私たちの内部と外部を行き来し、長いつきあいを重ねていくなかで交渉の余地がある存在であることを察知していたのではないだろうか。これから先も続いていくであろう「新型」との関わり方においても、民俗の記憶と手段は、どこかで参考になるのではないだろうか。

アマビエ・ブームと「物言う魚」

民俗学者が感染症について書く理由

民俗学のひとつの方法として「世相史」を編むという仕事がある。その代表的なものは柳田国男が書いた『明治大正史世相篇』(一九三一年)だ。

柳田は近過去の流行風俗を、人々の〈感情〉がどのように推移したかという興味から捉えていった。こうした仕事には、経験や記憶があやふやなものであることにたいする恐れもあった。私たちは、ほんの少し前に起こった出来事でも、すぐ忘れてしまうからである。日本で新型コロナウイルスの脅威が差し迫ったものとなってから、すでに三か月は経つ(二〇二〇年五月現在)。しかし、これまで経験したことのない事態が次々と起こるため、記憶が追いついていないのではないだろうか。そこで新型コロナウイルスの時代に〈民俗的感情〉がどのように揺れ動いたかについて顧みたいと思う。

ウイルスが生み出した〝祭り〟

現代社会で危機に直面したとき、まじないや言い伝えのような非科学的・前近代的な方法で対処することは、疎んじられがちである。ましてや死に至る病に立ち向かう際に、妖怪のような存在の手を借りるなど、もってのほかだったはずだ。しかし、今回の新型コロナウイルスによる感染症拡大においては、民間伝承中のアイコンが喜ばれ、もてはやされた。そうした妖怪、あるいは霊獣のなかで、最も人気を集めているのは「アマビエ」である。妖怪に詳しい人以外には知られていなかった、この奇妙な存在がなぜ普及したのか。そのきっかけはツイッターで紹介されてからだった。

コロナ禍でアマビエが最初に現れたのは、二月の末だったようである。とある妖怪掛け軸専門店が、妖怪のなかに「流行り病が出たら、対策のために、私の姿を描いて人々にみせるように」と言ったものがいると、アマビエをアレンジした絵とともにつぶやいたことから〝祭り〟は始まったのである。

その後、瞬く間に「#アマビエチャレンジ」というハッシュタグを付けて、アマビエをモチーフにした数多くのイラスト、漫画や動画が投稿されていった。投稿者のなかには有名な漫画家やイラストレーターらもいたため、その勢いはすさまじかった。さらに、言わずと知れた妖怪漫画の大家、故・水木しげる氏のプロダクションが、「水木の作品に描かれている」と呼応し、アマビエのメジャー化に拍車をかけたのである。その後アマビエは、和菓子をはじめ、日本酒・ビール・清涼飲料のキャラクター、キーホルダーやストラップ、マスクなど、さまざまなアイテムに汎用され続けている。

アマビエは「除災」を語っていない

ここでアマビエについて整理しておくと、この妖怪は江戸時代後期の弘化三年四月中旬（一八四六年五月上旬）に、肥後国（現・熊本県）に現れた。海中に毎夜光る物が出るので役人が行ってみると、アマビエはこう告げて、海中に入った。

「私は海中に住むアマビエと申すものである。今年から六ケ年のあいだ諸国は豊作になる。しかし病が流行するから、早々に私を写して人々に見せよ」。

そのようすが江戸まで伝えられ、瓦版に描かれた姿は、長い髪でくちばしを持ち、体には鱗、脚の先は三つに分かれている。そんなアマビエだが、じつは病の流行を「予言」していても、疫病から逃れられる「除災」はアピールしていない。このため、アマビエ研究の第一人者である長野栄俊は、今回のアマビエ・ブームには予言の要素が見られず、「護符」としての特徴だけが拡散したと分析。「それなら、その姿を見たものに「無病長寿」を約束し、諸国に広めることを訴えた「アマビコ」という妖怪の方がふさわしい」と指摘している。

しかしアマビコは、アマビエと同じ三本足でも、いくつかの写し絵を見ると、猿のようなルックスでかわいげがない。アマビエ自体が「アマビコ」の誤記だという説もあり、そもそもの性格に対する誤解はあっても、女性的な姿形と「アマエビ」にも似た語感が、これほどまでに愛される要因になっていることは間違いない。

「予言する妖怪」たちの多彩な顔ぶれ

アマビエが、ウイルス流行後の日本人の生活に浸透していくなかで、ほかにも再浮上した妖怪たちがいる。その一つが、文政二年（一八一九）四月一八日、肥前国（現・長崎県と佐賀県）の浜辺に現れたとされる「神社姫」だ。二本の角と人の顔を持つ魚のようなもので、「向こう七年は豊作だが、その後にコロリ（コレラ）がはやる。しかし私の写し絵を見ると難を逃れ、長寿を得るだろう」と語ったという。同じ頃、肥前平戸に現れた「姫魚」も、コレラの流行によって多くの死者が出ること、自分の写し絵を貼れば難を逃れられることを告げている。

甲州市川村（現・山梨市）の名主喜左衛門が安政五年（一八五八）に記した「日記」には、頭が二つある「ヨゲンノトリ」が描かれている。この奇妙な鳥は「去年の一二月、加賀国白山に現れ、八月、九月頃、世の人の九割が死ぬ難がある。そこで我らの姿を朝夕に仰いで信心するものは、必ずその難を逃れるであろう」と言った。人の顔、牛の体を持ち、疫病や戦争を予言する「件《くだん》」は、こうした妖怪のなかで最もポピュラーだろう。天保の大飢饉のさなかには、丹波国の山中に出現。それを報じた瓦版には、件の絵を貼れば、家内繁盛して厄病を免れると記されている。近代に入っても出現例は多く、第二次世界大戦中も戦争や空襲を予言したとの噂が流れた。

とはいえ、飲料のパッケージなどに用いられているアマビエと比べれば、その他の妖怪は認知度も普及度もかなり低い。すでに指摘されているように、アマビエ以外の妖怪たちは、災害を予言するだけではなく、その絵を護符として災害から逃れられるという機能をうたっていた。アマビエに「疫病退散」の効き目があることは、今回のコロナ禍で初めて加わった属性なのだ。

妖怪とともに人々の心を捉えた「大仏」

このコロナ禍では、こうした民間伝承中の存在とは、また別の次元にある「大仏」も持ち出された。この場合の大仏とは、聖武天皇が建立した東大寺大仏殿（奈良市）の盧舎那仏《るしゃなぶつ》、いわゆる「奈良の大仏」をイメージしたものである。

ここでは、大仏そのものを災難除けのシンボルにするのではなく、大仏を〝建立〟するという行為そのものに意味が見出される。つまり、天平時代の聖武天皇が、飢饉や災害、内乱が打ち続く世をはかなみ、人々が困難から救われることを祈願して大仏を造営した、という〝偉業〟に倣おうというのだろう。「大仏建立」を促す声は、平成二三年（二〇一一）に発生した東日本大震災の後にも、SNS上でよくつぶやかれたが、コロナ禍で人気を集めているのは、ウェブ上の無料サービス「みんなで大仏建立ボタン」だ。

「金を提供する」、「たたらを踏む」など、大仏造りに関する二六個のボタンをタップすると、カウンターの数字が増える。各項目の合計タップ数が、奈良の大仏の労働力と同じ二六〇万に達すると、仏像が「完成」し、イラストが表示されるのだ。

大仏は、サービス開始から約一年半が経った（二〇二〇年）三月五日の時点で、三体が完成している。一体目は「着工」から形になるまで一年二か月ほど掛かったが、三月二日に完成した二体目の「工期」は、わずか四か月だったという。さらに、三体目は三日足らずで誕生したそうである。

「アマビエチャレンジ」や大仏建立は、近年では未曾有の疫災に際し、だれもが手軽に参加して立ち向かおうという、意思表示や表現なのかもしれない。そのとき、アマビエ伝承にも大仏の造営にも、もともとは「除災」の意図がなかったことは問われずにいるのだ。
しかし、伝承は時代に合わせて目的や意味を変えていくことも、また民俗的現実なのである。

「物言う魚」の恐ろしい言い伝え

ところで、アマビエを民俗学的にみたとき、「予言する妖怪」という性格とともに、人間以外のものが「人の言葉を話す」という側面を持っている。こうした妖怪・霊獣を、民俗学者の柳田国男は「物言う魚」という範疇に入れている。

魚を捕らえて帰る途中、怪しいことが起こって復讐を受ける「おとぼう淵」をはじめ、物言う魚伝承は、「魚が水の霊の仮の姿である」という信仰があったことを物語る。こうした言い伝えのうち、最もよく知られているのは、八重山諸島で起こった津波をめぐる「ヨナタマ」伝承だろう。昔、伊良部島の下地村に住む漁師が、人面魚体の「ヨナタマ」という魚を釣った。男は翌日みんなに見せようと思い、魚を炙って乾かしていた。その夜遅く、隣の家に母親と泊まっていた子どもが泣き出し、「伊良部村へ帰りたい」と訴えた。すると沖のほうからヨナタマの帰りが遅いのを心配する声がし、炙られていたヨナタマが救いを求める声が聞こえた。母子は恐ろしくなり、急いで伊良部村に帰ったが、翌朝下地村へ戻ってみると、大津波にのまれ

て村は跡形もなくなっていた。（柳田国男「物言う魚」一九三二年）
このように人語を話す魚の存在は、災害をもたらすものとして恐れられてきたのである。

アマビエは「災難の象徴」である

肥後の海中に現れたアマビエの姿をあらためて眺めてみると、かわいらしいというより、どこか奇妙で、まがまがしく見えないだろうか。

水木しげる氏の彩色により、ピンクやグリーンで装ったイメージが流通しているが、瓦版に載ったアマビエを、当時の人はおぞましく感じただろう。そして、災難をもたらす脅威の存在として流布していったように思えるのである。この「物言う魚」は、疫病の原因だったかもしれないのだ。

新たな民間伝承として広まったアマビエは、厚労省の新型コロナウイルス啓発のアイコンに用いられる形で、「公」にもかすめとられてしまった。また、コロナ禍が終息して「アマビエ・バブル」がはじけたとき、売れ残った商品がどうなるかを案じてもいる。「物言う魚」をただ消費するのではなく、その不気味な姿形を、今回の疫災の経験とともに忘れてはいけないと私は思うのだ。

志村けんと「100日後に死ぬワニ」

疫病は「目に見えない災害」

流行病、疫病も災害の一種である。しかし、河川の氾濫や火山の噴火、大津波が目に見える災害だとすれば、新型コロナウイルスによる感染症は「見えない災害」だと言ってもよい。コロナ禍が〝厄介〟なのは、ウイルスがどこにあるか、無症状の感染者がだれなのかわからないところにある。

歴史的に多くの人を苦しめてきた疱瘡（天然痘）や麻疹（はしか）は、発疹などの症状があるものの、感染者が目に見えない。それが差別を生みもしたが、コロナ禍では疑心暗鬼ばかりを溢れさせている。現在進行形のコロナ禍ではさらに、入院した患者や、亡くなった人の遺体も視線から遠ざけられた。こうした事態は、日本の社会全体が疫病の実態から目を背けさせようとしたことによるのではないか。今回はこのような状況について所見を述べてみたい。

病の恐怖を伝えた、志村けんの急逝

日本に暮らす人々は、散発的なクラスターの発生が報じられても、新型コロナウイルスによる感染症を身近に感じてはいなかった。そんな感覚が覆ったのは、今年（二〇二〇年）三月二九日にコメディアンの志村けんさんが、新型コロナウイルスによる感染症で急逝してからであろう。

志村さんがコロナウイルスに感染していることが報じられたのは、三月二五日のことだ。大手スポーツ紙三社が「コロナ陽性疑い　肺炎入院」「一時は重症　都内病院に入院中」「緊急入院　コロナ疑い　せきと発熱」などの見出しで伝えた。さらに同じ日の夕方、所属事務所が「症状発症日の三月一七日から入院した二〇日までの間、本人は自宅で静養をしており、接触のあった人物も限られており濃厚接触者の特定も完了、対象者は自宅待機中」という内容のファックスを報道各社に送った。一部メディアはその後、志村さんが三月二四日、人工心肺装置をつけるため、緊急入院先から別の病院に転院したことなども明らかにしている。

数年前に肺炎を患い、胃のポリープを切除する手術を受けたばかりの七〇歳の志村さんの容態を、多くの人が心配していた。しかし、報道からほんの数日後に死去したのである。そしてその死によって、コロナ禍が、初めて「日本人の茶の間に届いた」と言っても過言ではないのだろう。

有名人が伝えたウイルスの残酷さ

「ザ・ドリフターズ」の一員として一九七〇年代にデビューして以来、多くの日本人に愛されてきたお笑い界の大御所が、感染・入院の報道からまもなく他界した。このことにより、新型肺炎の恐ろしさが多くの人に共有された。

志村さんの死がもたらした衝撃は、それだけではない。転院後は、事務所のスタッフはもちろん、親族ですら本人に近づき、話すことはできなかったことがわかったのだ。実兄・知之さんは、志村さんの死に目にあえず骨上げの場にも立ち会えなかったと語り、届けられた遺骨を玄関先で抱く姿が報道されたのである。

四月二三日に亡くなった女優・岡江久美子さんの場合も同様だったが、そもそも入院していたことすら報道されていなかった。

夫である大和田獏さんと娘の美帆さんは、感染症防止対策の観点から病院での面会が制限され、岡江さんの死を看取ることができず、透過性の納体袋に収められた遺体と対面したという。そして火葬された後、岡江さんはようやく家族が待つ自宅へと帰ったのだった。新型コロナウイルスによる死別では、臨終に立ち会えないどころか、入院後には触れること話すことができないこともままあるのだ。

コロナ禍では遺体が見えないだけではなく、一部の有名人がSNS上で発信している以外は、入院中の映像が報道されることも稀である。新型コロナウイルスの感染者の姿は、どの局面でも忌避されているのだ。

一〇〇日後、本当に死んだワニ

志村けんさんが世を去る九日前、一頭（一人？）のワニの死が物議を醸した。漫画家・きくちゆうきさんによる「100日後に死ぬワニ」をめぐる騒動である。

この作品は、あるワニが死ぬまでの一〇〇日間をカウントダウン形式で描く四コマ漫画である。昨年（二〇一九年）の一二月一二日から公開され、今年の三月二〇日まで毎日午後七時に作者自身のTwitterアカウントで更新され続けた。フォロワーは一五〇万人を突破し、一投稿で二〇〇万を超える「いいね」を獲得したこともあったという。主人公のワニは、先輩のワニや親友であるネズミたちと、一〇〇日後に死を迎えるとはつゆ知らず、淡々とした毎日を過ごす。読者はその姿と自分たちの日常を重ね合わせて、共感を寄せたのだろう。

一〇〇日目（一〇〇話目）の今年三月二〇日にはTwitterのトレンドで世界一位になるなど、ワニへの注目は頂点に達した（なお最終日の第一〇〇話は午後七時二〇分に更新され、四コマではなく一三コマだった）。

しかし、最終回を迎えた直後に、有名ミュージシャンによるオマージュ楽曲が発表され、さらに連載の単行本化、映画化、展覧会の開催など、さまざまなメディア戦略が相次いで公になったのである。よもやの展開に、SNS上は強烈な違和感で溢れ返った。さらに連載企画そのものに、大手広告代理店が関わっていたのではないかという憶測さえ呼んだ。

二つの喪失体験からくみとれなかったもの

この漫画のTwitterにおける連載が始まった、昨年一二月半ば頃、新型コロナウイルスによる感染症は中国武漢にとどまっていた。しかし、年をまたいで日本に上陸すると、各地でいくつかのクラスターを発生させながら広がりを見せた。厚生労働省の発表によると、連載終了日の今年三月二〇日、新型コロナウイルスの感染者は九五〇例、国内の死亡者は三三人に達していた。

世間に多くの「死」が溢れ、その問題に近接するようなテーマを扱っていたにもかかわらず、ワニの命運は多くの読者には他人事だったのではないか。そして、読者の間で広がった違和感は、ワニの喪失体験と落ち着いて向き合うことを難しくさせてしまった。

ワニの死はもはや忘れられようとしている。あるいは記憶から消し去られようとしている。

「100日後に死ぬワニ」を描いたきくちゆうきさんは、連載がまだ前半だった時期におこなわれたインタビューで次のように言っていた。

「「いつか死ぬ」生きているということはいつか死ぬということ。自分の「終わり」や周りの人の「終わり」それを意識すると、行動や生き方がより良い方向にいくのではないか。ワニを通してそれらを考えるきっかけにでもなればいいなと思っています。」（「SNSで反響呼ぶ『100日後に死ぬワニ』作者の素顔…「ラストは決まってる」」「ORICON NEWS」二〇二〇年一月一六日）

コロナ禍におけるワニの死は、展開によっては、ある種の問題提起を発することもあり得たはずだ。漫画完結の五日後に志村さんの入院が発表され、さらに数日後、死が報道される。人々は有名人の死により、初めて新型肺炎の恐ろしさを実感した。しかし闘病している様子も見えないまま亡くなったため、痛みと苦しみの共有にまでは至らなかったのではないか。

二つの喪失体験を経た今でも、ウイルスによる病苦と死がもたらす痛みは、多くの人にとって、まだ実感が乏しいままなのかもしれない。

感染症と「ケガレ」の論理

ウイルスとともに広がった「自粛警察」

新型コロナウイルスが広まり、政府や都道府県が外出自粛を呼びかけるなか、「自粛警察」と呼ばれる人々が各地で生まれた。彼らは自粛の要請に応じない店舗などにたいし、嫌がらせや通報をするなどして、世の中をさらに混乱させている。

古代から近世の日本には、目に見えない恐怖を「ケガレ（穢れ）」とみなして忌避する行動があった。しかし、「ケガレ」につながる差別意識が、現代社会でもなぜ生まれてしまうのか。そして自粛警察の行動が、これまでの「ケガレ」を免れようとする振る舞いと、どう違うのかについて考えてみたい。

千葉県八千代市では、自粛要請に従って休業していた駄菓子屋に貼り紙が見つかった。この駄菓子屋は緊急事態宣言が出される前から自主的に休業していたが、「コドモアツメルナ　オミセシメロ　マスクノムダ」と直線的な赤い文字で書かれた紙が、店の入り口に貼り付けられていた。東京・吉祥寺の駅前商店街には、多くの買い物客が訪れていると報道されたことから、抗議の電話や手紙が殺到した。抗議の内容は、「全ての店を閉めさせろ」「ほかの店は閉めているのに利益をあげているのは最低だ」「武蔵野市の恥」といった乱暴なものが多かったという。

不安を言葉にして免れようとする態度

こうした不可解な行動については、「歪んだ自己顕示欲の発露」との見方がある。また、感染症に対する漠然とした不安やストレスを、「コロナ」や「ウイルス」という言葉に置き換えることで免れようとしているともいえるだろう。

古代の日本には、あるものの「名前」を口にすることで、その実体を消し去ってしまうという考え方があった。また逆に、目に見えない存在を言葉にすることで可視化しようとすることもあった。いわゆる「言霊《ことだま》」だ。言葉は現実的には暴力性をともない、民俗的には霊的な荒々しさを持つものなのである。

一般に、自粛警察の振る舞いは、未知のウイルスに対する恐怖感や、誤った正義感がもたらすものだと考えられている。しかし民俗学の見地から考察すると、ウイルスを暴力的なまでに忌避する感情と行為の背景には、ウイルスそのものや感染者を、あるいは予防しようとしない人々までをも、一種の「ケガレ」として捉える観念が働いている、と言えるのではないだろうか。

ケガレとは日本の民俗における禁忌（タブー）のひとつだ。科学的根拠がなく、今では倫理的にも支持されないが、出産や死、月経、家畜の死、病気などにより、当事者とその関係者に付与された状況をいう。このケガレを避けようとする強迫的な観念は、コロナ禍のさなかに、さまざまな形で常軌を逸する行動を生み出してきたのだ。

「ケガレ」への差別意識が生み出すクレーム

今年（二〇二〇年）五月には、ウイルスの感染が確認された女性がSNS上に個人情報をさらされるなど、非難や中傷がインターネットを介して広がった。この女性は、四月二九日に山梨県の実家に帰省し、五月一日にPCR検査を受けて、翌二日に陽性と判明。その後、高速バスで東京に戻ったという。当初は結果が判明する前に帰宅したと説明していたが、実際は判明後だった。

ネット空間には、名前や勤務先に関する真偽不明の情報が飛び交い、SNSには「見せしめにした方がいい」といった言葉が書き込まれた。また女性の勤務先だと名指しされた企業は、

「事実無根」である旨をホームページに記載した。山梨県はこの事態を重大な人権侵害と捉え、「感染したこと自体は本人の責任ではない。そのことは配慮してほしい」と記者会見で呼びかけた。これに対して県庁には、配慮要請を批判する電話が数多くかかってきたという。

都道府県をまたいだ移動の自粛が要請されるなか、感染者が少ない地域でも、さまざまな嫌がらせが横行した。県外ナンバーの自動車に傷をつける、運転手に暴言を吐く、あおり運転するなどといった振る舞いだ。一部の自治体はこのような行為にたいし、ドライバーが県内在住者であることを明示できるシートを配布した。

ウイルスを可視化したいという気持ちが、感染者をウイルスそのものだと見て、人権を侵害するような行動に人々を駆り立てた。ウイルスという「ケガレ」は、それほどまでに強く忌避され、結果的に差別を発生させる要因となったのである。

穢れを防ぐおまじない「エンガチョ」

古来の「ケガレ」観においては、穢れたものが神社に接近することや、祭りに参加することを禁止した。穢れの対象を決められた小屋などに隔離し、食事などに用いる火を別にするなど、社会的な断絶が図られてきた経緯がある。穢れをなくすには「禊《みそぎ》」「祓《はらい》」が必要とされた。穢れの感染を防ぐしぐさで、子どものあいだに普及したのが「エンガチョ」だ。

犬の糞を踏んだり、便器に触ったりした子どもが、汚れたところをほかの子にこすりつけるなどすると、穢れが移ったとみなされる。しかし、「エンガチョ」と唱えながら、両人差し指でバッテン印を結ぶなどすると〝感染〟を防御できる、というまじないである。

歴史学者の網野善彦によると、エンガチョの「エン」は「穢」や「縁」を表し、「チョ」は擬音語の「チョン」が省略されたもので、「縁（穢）を（チョン）切る」を意味しているという。「因果《いんが》な性《しょう》」の転訛《てんか》や、「縁が千代（「永遠」の意味）切った」の略だという説もある。また、このまじないの言葉には、エンガチョのほかに、「ビビンチョ」「エンピ」「バリヤー」など、地方や時代により複数の呼び方がある。

死のイメージを避けるための知恵

エンガチョに類するしぐさの起源は古い。

『平治物語絵詞』（一三世紀頃）には、なぎなたに結ばれた信西《しんぜい》（「平治の乱」で討たれた後白河上皇の近臣・藤原通憲）の生首を見る人々が、人差し指と中指を交差させているようすが確認できる。つまり死穢《しえ》を忌むことから、こうした印は発生したのだろう。

また霊柩車が目の前を通過したり、葬列を目撃したりしたとき、親指を隠さないと「親の死に目に会えない」「親が早死にする」という迷信がある。これも死やケガレを連想させるものに対して、「親指を隠すことが親を守ることになる」というものである。エンガチョの印にも親指を隠すものがあり、このしぐさは日常的な死のイメージを忌避する風習と共通しているのだ。

一見たわいのないエンガチョにも、死の穢れをめぐる歴史があった。しかしコロナ禍における自粛警察の行動は、あまりにも短絡的で文化として成立する可能性が感じられない。厄災に際して、新たな文化や状況に応じたコミュニケーション手段を生み出していく〝民俗的な力〟が、現代では失われてしまっているのだろうか。

伝染する流言蜚語

異常な行動は「普通の人々」が起こした

常ならざる事態に遭遇したとき、社会に流言蜚語が飛び交う。わが身に何らかの被害が及ぶ恐れを抱いた「普通の人々」が、根も葉もない噂に耳を傾け、貴重な情報だと信じてデマや誤情報を拡散させていく。

これまで遭遇したことのない状況に陥ると、デマや誤情報に惑わされた人々が、危機感をもとにした異常な行動に駆られることもある。また、ウイルスに感染しないための「処方」を求めようと、わらにもすがる思いで得た情報が、科学的には妥当性が証明されないものだった、というケースも少なくない。

噂とデマ、誤情報の氾濫はコロナ禍でも繰り返されている。そうしたなかから典型的なパターンをいくつか挙げてみる。そして、歴史的に展開されてきた風評との闘いを振り返りつつ、私たちがなすべきことについて考えてみたい。

噂が招いたトイレットペーパー不足

今年（二〇二〇年）二月下旬、「新型コロナウイルスの影響でトイレットペーパーが不足する」という情報がSNSから拡散した。スーパーなどで買い占めが相次ぎ、薬局では行列・品薄などの混乱が起きた。SNS上では、トイレットペーパー不足の根拠として「中国から原材料が輸入できなくなる」という発言が飛び交った。しかし、これは誤りだ。

日本家庭紙工業会によると、昨年（二〇一九年）のトイレットペーパーの出荷量（約一〇六万トン）のうち中国製など輸入は二・五パーセントにすぎない。つまり根拠のない噂により、品薄が現実になったのである（「デマ拡散、トイレットペーパー消えた「在庫は十分」」朝日新聞デジタル）。

同じく、店頭から姿を消したマスクについてもさまざまなデマが飛び交った。

二月下旬、「厚生労働省がマスク不足に対応し、日の丸を冠したマスクを生産している」とツイッターで広がったことが報じられた。これについて同省経済課の担当者は「厚労省と経済産業省からマスクメーカーにマスクの増産を要請しているが、その際にメーカーやタイプなどを指定していない」とし、マスクメーカーも憶測を否定する見解をウェブサイトに掲載した（「拡散した「政府が日の丸マスクを生産」との誤情報　メーカー〝法的措置〟検討も視野」BuzzFEED News）。

また政府が配布することになった布製マスクについては、安倍晋三首相のおひざ元・山口県の企業が布マスク製造を受注し、「首相による地元企業への利権だ」とツイッターから流布したと報じられた。しかし、これも事実に反している。事の真相は、山口県が県内の幼稚園などに通う子どもたちに届けるための発注と取り違えた、というものだ。県防災危機管理課も「発注したマスクはすべて県内で配布する。政府の施策とは関係ない」と噂を否定した（「マスクは首相の地元・山口県の企業が受注？　「全世帯配布」で駆け巡ったツイート」毎日新聞）。

次々と否定された「予防法」の情報

治療法やワクチンが見つかっていない、新型コロナウイルスに対する身近な防御法の情報にとびつく人も少なくなかった。「感染を予防するには、特定の飲料や化学物質が効果的だ」というデマや誤情報が横行したのである。

たとえば「予防には紅茶や緑茶がお勧め」だという情報がツイッターやFacebook上で拡散したと報じられた。茶葉に含まれている成分に、抗ウイルス作用があるという説にもとづくもののようである。しかし専門家らによると、新型コロナウイルスへの感染を防ぐ効果があると証明した研究結果は、まだ存在しないとされている（「新型肺炎予防、デマSNS拡散…「紅茶・唐辛子に効果」など医学的根拠なし」ヨミドクター・読売新聞）。

　また「「次亜塩素酸水」を加湿器などに入れて噴霧すると、空間除菌ができる」との情報が流れたこともあると報じられた。独立行政法人製品評価技術基盤機構（ＮＩＴＥ）は、「次亜塩素酸水の新型コロナウイルスへの有効性は確認されていない」と予防効果を否定。世界保健機関（ＷＨＯ）も「消毒剤を人体に噴霧することはどのような状況であっても推奨されない」としている（「「次亜塩素酸水」等の販売実態について（ファクトシート）」ＮＩＴＥ）。

　新型コロナウイルス対策をめぐっては、八月に入ってまもなく、大阪府の吉村洋文知事が「重症化を防ぐには、うがい薬が有効」と記者会見で発言、混乱を招いたばかりだ。

吉村氏は、殺ウイルス効果がある成分を含むうがい薬を使うと、唾液検査で陽性になる割合が減るとする研究結果を紹介。しかし専門家からは「新型コロナウイルスへの予防について、科学的な根拠は確立していない」といった批判の声が上がった（「「うがい薬推奨」根拠は？　大阪知事「唾液検査で陽性率減」相次ぐ品切れ、副作用懸念も　新型コロナ」朝日新聞デジタル）。

　行政が〝公式〟に、科学的には不確かな情報を発信したため、効果に疑問の余地が残るうがい薬が瞬く間に売り切れてしまったのである。

感染症の拡大も命に関わる切実な事態だが、戦時中にはとんでもないデマや誤情報が流布したようである。

「ラッキョウ入りおにぎり」が爆弾除けに？

太平洋戦争の末期、昭和二〇年（一九四五）の三月から四月にかけて、ある荒唐無稽な流言が広がり、新聞などで取り上げられたという（佐藤健二『流言蜚語』一九九五年）。

「敵弾はいつどこに落ちるかわからない。こういう事態になると、いわゆる御幣《ごへい》かつぎや迷信がよく出てくるものだが、今巷《ちまた》におかしな迷信が広まっている。それは、赤飯にラッキョウを入れたおにぎりを作ってたべると、絶対に爆弾をうけないというのだ。」（朝日新聞、一九四五年三月六日）

あまりにも荒唐無稽な話だが、ラジオから聞こえてきた「敵機が脱去《だっきょ》した」というニュースを、「ラッキョウ」と聞き間違えたのではないかと現在では推測されている。そして戦前にも、似たような状況はすでに生じていた。

松山巖の『うわさの遠近法』（一九九三年）によると、明治一〇年（一八七七）一〇月に千葉の鴨川でコレラ患者が出たとき、漁師たちのあいだで、「コレラが流行するのは小湊町のある医師と警官が井戸に毒薬を入れ、病院に隔離した患者の生き胆を投げ入れているためだ」との噂が立った。そこへまた患者が発生したため、その医師が隔離しようとすると、漁民は反対して彼を追い詰めたので、医師は川に飛び込んで逃げようとして溺死した。

コレラ騒動は一揆まで引き起こし、明治一三年（一八八〇）に九件も発生したことが記録に残っている。当時の報道から一揆の原因を推測すると、役人が井戸に消毒薬を入れるのを見て毒を流し込んだと誤解したとか、「病院に入ると西洋人に生き胆を抜かれる」とかいった噂がもとになったようである。

いずれにしても、にわかには信じがたいものから、「もっともらしい」と思える内容まで、デマや誤情報は有事の人間心理と密接に結びついてきたと言える。時代が下っても、こうした傾向がおおむね引き継がれていることは、今日の状況を見れば明らかではないだろうか。

誤りを記録にとどめ、反省するという務め

コレラをめぐる無根拠な風説は、安政五年（一八五八）の大流行の際にも存在した。長崎の外国人を敵視した噂が流布したというものだが、このときには「異人」に対する恐怖が重ねられていたという。

何気ない言葉が一人歩きし、やがて社会全体を惑わす。その危険性を可視化することは大切

だろう。佐藤の『流言蜚語』には、民俗学者の赤松啓介が昭和五五年（一九八〇）に著したこんな文章が引用されている。

「いま戦時記録として、空襲被害の記録化がさかんであるけれども、それは表面的な形式記事になりがちである。むしろ、空襲にあわぬようなマジナイ、弾丸に当たらないマジナイ、あるいはヤミ経済、ヤミ物資の買い出し、運び屋の形態、戦時食の調理方法、ヤミ価格の変動、村落共同体と疎開者たちの対抗、そうした日常生活、その体験を記録することの方がもっと重要であると思う」（「村落共同体と性的規範」）

江戸時代に起きた感染症をめぐるデマや誤情報が、素朴な民間療法や切実な民間信仰の形で記録・記憶されていることで、私たちは、その怖さと教訓を現代にいかすことができる。もし、過去に起きた騒動の記録がまったく残っていなかったら、今回の新型コロナウイルスによって引き起こされたデマや誤情報が真実として流布し、パニックを引き起こしていただろう。事態をさらに深刻化させていた可能性もあるのだ。

噂やデマに惑わされ、また信じ込んだ人々を糾弾するばかりでなく、かつての誤りを記録にとどめ、反省する。このことも、現在進行形の危機にさらされている私たちの務めかもしれない。

タイムカプセルに乗せたい二〇二〇年の「世相」

自粛を迫られた一年

二〇二〇年は、なによりも「自粛」を迫られた一年だった。不要不急の外出をなるべく避けるようにという要請が出され、繁華街の人出は減り、飲食店はにぎわいをなくした。観光地には閑古鳥が鳴き、リモートワークを推奨する企業も少なくなかった。このため、ブームや消費行動においても「コロナ禍」を反映したものに目が向かわざるをえない。

そんな二〇二〇年に最も活躍したのは、妖怪「アマビエ」だったのではないか。長い髪、鳥類を思わせるくちばし、ウロコをつけたような体、それに三本脚という奇妙な妖怪、あるいは生物は、「これから六年間、諸国では豊作が続き、同時に疫病が流行る。私の写し絵を人々に見せよ」と言い残して海へ消えたという奇妙な言い伝えとともに、キャッチーな姿が、さまざまな商品に活用されていった。

そもそもアマビエ・ブームは、二月の終わり頃、SNS上で始まったものである。「#アマビエチャレンジ」などのハッシュタグを付けて、一般人からプロの漫画家、イラストレーターまでが、それぞれ思い思いのアマビエを披露したのだった。その後、アマビエのイメージをあしらった和菓子や日本酒、文房具や日用雑貨、書籍に至るまで、三〇〇〇以上の関連グッズが作られ、販売された。また、本来は、神社仏閣とは離れた民間で生まれた妖怪であるにもかかわらず、アマビエを描き、「疫病退散」のご利益をうたったお守りや御朱印も各地の社寺で作られたのである。

「三密」回避の品々

密閉・密集・密接の「三密」を避けることが推奨され、また「ソーシャル・ディスタンス」という言葉も幅を利かせた。とくに「三密」は新語・流行語大賞に選ばれるほどだった。

飲食店や公共施設では、三密を避けるためのグッズや表示が溢れ、座席を仕切るためのプラスチック製のパネル、レジと買物客を仕切るためのビニールなど、ウイルスの飛沫感染を防ぐための透明な敷居が人と人を隔てた。

スーパーや飲食店などの床に貼られたソーシャル・ディスタンスを促す「床面サイン」や壁面に貼られたシールも、タイムカプセルに乗せると二〇二〇年の世相をまざまざと思い起こさせてくれるだろう。「間隔を空けてご利用ください」、「この席はご利用にならないでください」、あるいは「エレベータは二名以内で」、「離れて立ちましょう」といった表示は、その言葉自体がコロナ禍ならではのものである。

さまざまなタイプのアルコール噴霧器も、意外性で楽しませてくれた。家庭で使うには手押しポンプ式が一般的だが、飲食店や公共施設では、自動で噴霧されるものが用意されているところもある。また足踏み式や、検温器付きなど新商品が目白押しだ。

マスクにも工夫が凝らされ、素材やデザインが多様化した。そんななかで、政府が全世帯に配布したガーゼ製の布マスク、いわゆる「アベノマスク」も二〇二〇年を象徴する一品である。もしタイムカプセルに乗せるものを公募したら、政府が提供したこのマスクが殺到するかもしれない。なぜなら、配布された時期には、それまでの品薄がほぼ解消され、また大きさや仕立てが気に入らないという人も多かったようで、使われずに眠っているものも少なくないからだ。我が家でも記念にとっておくことにしたが、どこにしまったかわからなくなっているのが実情である。

イベント自粛

四月七日に発出され、五月三一日に解除された第一回の「緊急事態宣言」と前後して、イベントの自粛が各方面に広まった。

プロ野球や大相撲は、入場者数を制限したり、開催地を変更したりという配慮がなされた。春と夏の高校野球大会が中止になり、甲子園を目指していた高校球児たちを励ますために、阪神タイガースと阪神甲子園球場は、日本高等学校野球連盟に加盟する野球部及び女子野球部の高校三年生全部員を対象に、「甲子園の土」入りのオリジナルキーホルダーを贈呈することにした(八月三一日から発送を開始)。しかし、大切にされるべきこの記念品がフリマアプリをにぎわす事態となり、その現象が話題をさらってしまったのだ。

コロナの影響は「二〇二〇東京オリンピック・パラリンピック」も直撃し、三月に一年延期が決定した。あくまでも延期であることから、記念グッズ等も無駄にはなっていない。名称は「二〇二〇」のまま据え置かれたことから、記念切手もそのまま使えるし、聖火リレーで振られるはずだった「日章旗」も、無事開催された暁には沿道をにぎわすことだろう。

グッズも豊富だった『鬼滅の刃』

一〇月に劇場版が公開されると、それまで一部のファンの流行にとどまっていた『鬼滅《きめつ》の刃《やいば》』が、社会現象ともいえるブームを巻き起こした。映画は爆発的なヒットになり、原作漫画も最終巻（第二三巻）の初版が三九五万部という驚くべき部数を数え、全国紙に掲載された全面広告も話題を撒いた。

菓子、シール、ストラップ、フィギュアなど関連グッズも溢れかえったが、竈門炭治郎《かまどたんじろう》や妹の禰豆子《ねずこ》らが作中で身にまとう衣装も二〇二〇年のシンボリックなイメージだろう。一一月の半ば、「七五三」の際に、男の子が炭治郎の市松模様、女の子が禰豆子の麻の葉模様の着物を着て参詣していたのは、微笑ましい光景だった。

一方で、この数年、秋の恒例行事となり、騒動まで発生していた「ハロウィン」は、三密回避や外出自粛のため、いつものような活況はみられなかった。例年なら、「魔女」や「骸骨」などまがまがしいキャラクターに混じって、『鬼滅の刃』に登場する鬼舞辻無惨《きぶつじむざん》を筆頭とする「鬼」たちの格好の出番だったはずだが、それほど活躍できなかったようだ。

ブームの「はかなさ」を示すもの

三月頃に始まった「アマビエ・ブーム」は夏になっても衰えをみせなかった。

予言妖怪を再発見し、キャラクター化、商品化する現象に拍車をかけたのは、四月から厚生労働省が「啓発アイコン」に使用したせいもあったのではないか。民間伝承や迷信が持ついかがわしさが、コロナ禍にアマビエによる娯楽を生み出したのに、公認されたとたんに白けていったような気がする。そこで、アマビエ以外の妖怪を発見し、光をあてることが流行っていったのだ。

幕末にコレラが大流行した際に描かれた「ヨゲンノトリ」もそのうちのひとつで、頭が二つある奇妙な鳥だが、この怪鳥もSNSが火付け役となり、山梨県立博物館の学芸員が四月三日にその存在について投稿したところ、一万件を超す「いいね」が寄せられ、「疫病除け」グッズに利用されていった。お札やキーホルダーをはじめ、衣料品や清酒のラベル、携帯の待ち受け画面や、この妖怪のコピーを「感染除け」に使う人もいたという。しかし、後続した人面魚体の「姫魚」や「神社姫」、丸みを帯びた黒い体に二つの目と足に爪を持つ「クタベ」などは、一般層には浸透せず、その姿をすぐ思い浮かべることができる人は少ないだろう。タイムカプセルからアマビエならともかくクタベが出てきたら、新鮮な驚きを覚えることになるかもしれないけれど……。

　二〇一九年の一二月から三月までSNS上で連載され、大ブームの直前までいったものに「100日後に死ぬワニ」があった。新型コロナが深刻さを増すなかで浸透していったこの四コマ漫画は、素朴なタッチ、コミカルな絵で「死のはかなさ」を表現し、感動の輪を広げつつあった。だが完結とともに、イベントの開催、グッズの展開、映画の公開予定などが告知されたため、勢いが一挙にしぼんでしまったのだ。まさにブームのはかなさを示す事態になってしまったわけだが、敬遠された何種類ものワニ・グッズも、タイムカプセルにぜひ乗せたいものである。

3　二一世紀の「まじない」

東京に奉納された「絵馬」――新海誠監督『天気の子』

屋上の社にはなにが祀られているのか？

作中に登場するビルの屋上の、赤い鳥居と石の祠《ほこら》しかない小さな社《やしろ》には、いったいどんな神様が祀られているのだろうか。

日本人にとって、農作物の成育に大きな影響をもつ天気の変化は、いつの時代も大きな関心事だった。また漁業をおこなう人々にとっても同様だった。しかし、日本神話のなかに、天気や気象を司る神の存在は明示されていない。では、天気や気象にたいする祈願は、どのような神に向かってなされてきたのだろう。

日照りが続くと作物の実りが悪くなり、大雨や長雨は河川の氾濫を呼び起こす。そんな状態がいつまでも続くとき、人々は「雨乞い」や「日乞い」をした。雨乞いは雨が降るのを祈ること、日乞いは雨が止み、空が晴れるのを祈ることをいい、日乞いはほかに「照り乞い」や「晴《はれ》乞い」、「雨止め」や「雨上げ」などともいった。こうした祈願の際に、人々は「水の神」にすがったのだった。

こうした雨乞いや日乞いを祈願するとき、牛や馬を神に捧げることがあった。民俗学者の柳田国男は、「牛馬の首を水の神に捧ぐる風は、雨乞の祈祷としては永く存したりき」とし、朝鮮扶余《ふよ》県の白馬江《はくばこう》に「釣龍台《ちょうりゅうだい》」という大岩があり、唐の蘇定方《そていほう》が百済に攻め入ったとき、河を渡ろうとして風雨に遭い、「白馬」を餌として龍を一匹釣りあげたという。おそらくはこの龍が、水を司るものであったのだろう。そして、柳田は、「白き馬は神の最も好む物なりしこと、旧日本においても多くの例あり」といい、日本でも天気が変わることを祈るとき、馬が捧げられてきたことを指摘した。

『常陸国風土記』によると、崇神天皇の時代に、鹿島大明神に馬一頭を奉ったとあることから、古代には、「生馬」を献上する風習のあったことがうかがわれる。また『続日本紀』（七九七年編纂）によると宝亀元年（七七〇）八月、日蝕のとき中臣朝臣宿奈麻呂《なかとみのあそんすくなまろ》を伊勢神宮に遣し、赤毛の馬二頭を奉納させたとある。赤毛の馬が神に捧げられたのは、赤色が火の色を想わせることから、太陽の衰弱を回復させるための、類似の原理にもとづく「模倣呪術」だったとみられる。

日本神話の水の神「オカミ」

日本神話における代表的な水の神は、「オカミ」と呼ばれる。

『古事記』では、伊邪那岐《イザナギ》神が火の神・迦具土《カグツチ》の首を斬ったとき、剣の柄に集まった血が手の指の股から洩れ出て、「闇淤加美《クラオカミ》神」と「闇御津羽《クラミヅハ》神」の二神が生まれた。『日本書紀』によると、イザナギに斬られたカグツチは三つに分かれ、雷神と大山祇《オオヤマツミ》神と高龗《タカオカミ》神になったとされる。「クラオカミ」の「クラ」は谷を、「オカミ」は龍神を意味し、「タカオカミ」は山上の龍神だとされている。

「高龗神」を祀る京都市左京区の「貴船《きふね》神社」には、歴代の天皇が数百回にわたって、雨乞い、雨止めの祈願に生馬を捧げてきたという。平安時代中期に編纂された『延喜式』の「神名帳」には「山城国愛宕郡 貴布禰神社」と記され、「祈雨八十五座」のひとつとされるなど、雨を司る神として信仰されてきた。全国に約四五〇社ある貴船神社の総本社である。

社伝によると、神武天皇の母である玉依姫《タマヨリビメ》命が黄色い船に乗り、淀川・鴨川・貴船川を遡ってこの地に上陸し、水神を祀ったのが始まりだと伝える。平安京に遷都した後は、御所の真北に位置し、鴨川の上流にあたることから、京の「水の神」として信仰されるようになった。

貴船神社では、高龗神は闇龗《クラオカミ》神と同じ神で、「降雨・止雨を司る龍神で、雲を呼び、雨を降らせ、陽を招き、降った雨を地中に蓄えさせて、それを少しずつ適量に湧き出させる働きを司る神」だとしている。龍神である「オカミ」の神は、屋上の社の祭神の有力な候補なのではないか。

さまざまな「水の神」

日本列島では、このほかにもさまざまな「水の神」が、天気を左右する神として信仰され、降雨と止雨が祈られてきた。

大和国（現・奈良県）の「丹生川上社《にゅうかわかみ》」は『名神本紀』によると、「人声の聞こえない深山で我を祀れば、天下のために甘雨《かんう》を降らし霖雨《りんう》を止めよう」との神託により創祀されたという。『続日本紀』によると、天平宝字七年（七六三）、「旱《ひでり》」の際、降雨を祈願するため、大和国の「丹生河上社」に黒馬を献上したと記している。また、宝亀六年（七七五）九月には、「霖《ながあめ》」のとき、白馬を「丹生川上、畿内の群神」に奉らしめたとある。

古代の日本では、祈雨祈願の際には黒馬が、止雨のときには白馬（または青馬）が奉献された。これは馬を水神ないしはそれと密接な動物と見る観念にもとづき、また馬の色は、雨雲は黒、晴天は白であるという観念にもとづく模倣呪術であったろう。

丹生川上社の祭神は「罔象女神《ミツハノメ》」とされている。罔象女神は『日本書紀』による表記で、『古事記』では都波能売神、ほかには水波能売命、水波之女命、闇御津羽神、水速女命などの神名で各地の神社に祀られている。「ミヅハ」は「水走」の意味で、灌漑のための引き水、あるいは「水つ早」、水の出始めの意だともいわれる。中国・前漢時代の『准南子《えなんじ》』などでは龍や小児の姿をした「水の精」のことだとされる。

古代王権が成立した奈良盆地を取り囲むように、「水分神《ミクマリ》」を祀った四つの神社がある。「くまり」は「配り」を意味し、水の分配を司ることから、水源や水路の分水地などに祀られた。記紀には登場しないが、水神として信仰されてきた神に「セオリツヒメ（瀬織津比咩・瀬織津比売・瀬織津媛）」がいる。『延喜式』の「大祓詞《おおはらえのことば》」では、川の瀬が織りなすところに坐《いま》す女神とされ、祓神や水神、滝の神や河の神として、川や滝の近くなどに祀られる。

スサノヲと「人身御供」

東京・新宿の西、JR中央線高円寺駅近くに鎮座する「高円寺氷川神社」の境内に、「気象神社」がある。祭神の八意思兼命《ヤゴコロオモイカネ》は、天照大御神《アマテラス》が天の岩戸に隠れて世の中が暗闇になったとき、天照を岩戸の外に出すための知恵を授けた。また、「晴」「曇」「雨」「雪」「雷」「風」

「霜」「霧」など、八つの気象現象を制御する神ともいわれている。

気象神社は、一九四四年（昭和一九）四月、大日本帝国陸軍の陸軍気象部（杉並区馬橋）の構内に造営され、気象観測員が気象予報の的中を祈願した。戦後の神道指令で撤去されるはずだったが、先々代の宮司が払下げを受け、高円寺氷川神社に遷座された。高円寺氷川神社は、素戔嗚尊《スサノヲ》を祭神とする。『古事記』によるとスサノヲは、伊邪那岐命《イザナギ》が黄泉《よみ》の国から帰還して禊《みそぎ》をした際、鼻をすすいだときに生まれたとされている。このとき左目から生まれたのがアマテラスで、右目から生まれたのが月読《ツクヨミ》であった。

スサノヲは、父であるイザナギから「海」を治めるように命じられるが、母イザナミのいる根の国に行きたいと断ったところ、イザナギの怒りを買って追放されてしまう。根の国へ向かう前、アマテラスに別れを告げるためスサノヲは高天原に上るが、弟が攻めてきたと思ったアマテラスは、武装して待ち受けた。スサノヲは疑いを晴らすため誓約《うけひ》をおこない、潔白を証明した。スサノヲはその後、高天原で乱暴狼藉を働き、アマテラスは恐れて天の岩戸に隠れてしまった。そのため、高天原から追放される。

出雲の国へ降り立ったスサノヲは、この地を荒らしていた八岐大蛇《ヤマタノオロチ》を退治し、生贄にされそうになっていた櫛名田比売《クシナダヒメ》を救った。スサノヲはクシナダヒメを妻にめとり、出雲の「須賀《すが》」にたどり着いて、「われこの地に来て、わが御心すがすがし」と言い、そこに宮を作った。

アマテラスは太陽神であり、天空の神のシンボルだろう。しかし、その神格のなかに天気や気象を左右する力は強調されていない。ヤマタノオロチは龍神の原型ともいえる蛇神であり、出雲平野を流れる大河の象徴でもあった。オロチを力で抑えたスサノヲは、河川の氾濫を防ぎ、厄災を祓う神として信仰されていった。スサノヲがとどまった地名でもある「須賀」という人物が、『天気の子』では重要な役割を担うのも興味深い。さらに、クシナダヒメはヤマタノオロチの狼藉を抑えるため人身御供《ひとみごくう》、生贄《いけにえ》にされかけた少女だった。映画のエピローグのあとの世界では、神話のような「治水」は果たされるのだろうか。

「精霊馬」に託された思い

日本列島の歴史上、気象の変化を願って奉納されたのは、黒馬や白馬だったが、『天気の子』でも冒頭に二頭の馬が映し出される。故人の霊魂がこの世とあの世を行き来するための乗り物で、きゅうりやナスに竹ヒゴなどを刺して作った「精霊馬《しょうりょうま》」である。ビルの屋上の祠に、なぜ精霊馬が飾られているのだろう。しかもこの野菜でできた馬は、映画のなかにもう一度登場する。母や妻、夫の死に対する供養と鎮魂の情が、『天気の子』の底には静かに流れているのである。

社寺に奉納される「絵馬」が、生馬献上の習俗に由来するという説がある。生きた馬の代わりに、土馬や木馬といった馬形を献上するようになり、それがさらに簡略化されて、板製の絵馬になったというのだ。『天気の子』は、天気が狂ってしまった東京に捧げられた、精緻で鮮やかで切実な「絵馬」なのではないかと、私は思うのである。

水害伝承を記憶した「祭り」

暴風雨と氾濫が頻発した秋

日本列島は今年（二〇一九年）の八月末以降、大雨と強風の度重なる襲来に苦しめられた。八月二七日から九州北部で猛烈な雨が降り、河川の氾濫で市街地が冠水した。九月九日には台風一五号が千葉市付近に上陸、強風による屋根被害など、家屋の損壊は五万棟を超えた。一〇月一二日には台風一九号が伊豆半島に上陸し、各地に豪雨を降らせて、七〇を超える河川が決壊。さらに一〇月二四日から二六日にかけても大雨となり、再び河川が決壊した。今秋の台風と豪雨による災害は被害が広範囲であること、また立て続けに起こり、同じ地域に繰り返し被害をもたらしたことなどにより人々に衝撃を与えたのである。

これまでの台風は、上陸後に勢力が衰えたものだが、海水温度の上昇の影響からか、規模を変えずに襲来することが多くなったように感じられる。気象庁が発する予報においても、「数十年に一度の、これまで経験したことのないような」といった表現が用いられるようになったのである。電柱をなぎ倒し、瓦を吹き飛ばす暴風、豪雨が過ぎたあとの晴れ間に起こる河川の氾濫、床上浸水で泥水に覆われた住宅地など、ニュースでたびたび映し出される光景は、たしかに見慣れたものではなかった。

さらには、「流域型洪水」という新しい災害用語が使われるようになった。気候変動や異常気象が叫ばれ、日本列島を襲う暴風雨災害はフェーズが変わったともいわれる。しかし、こうした大水害は、本当にこれまでなかったことなのだろうか。過去にも発生し、その経験と記憶が継承されてきてはいないか。

そこでここでは、民間伝承や民間信仰の領域のなかに、暴風雨災害に関わる伝承を探ってみたいと思う。

「流域型洪水」を彷彿させる怪異現象

台風一九号では千曲川のほか、埼玉県の越辺《おっぺ》川、栃木県の秋山川など東日本の二〇を超す河川で堤防が決壊した。水が堤防を越えるなどした河川は、阿武隈《あぶくま》川や多摩川など一四二にのぼる。しかもこの台風では、台風から離れた地点で河川の氾濫が多発し、台風が過ぎ去った後にも時間差で氾濫したケースが相次いだ。多くの人が一度は避難したものの、雨や風のピークが過ぎたため、避難所から自宅に戻るなどして命を失ったのである。激しい雨が降っていない場所でも洪水にみまわれ、被害をもたらしたのはいったいなぜだっただろう。

ある狭い範囲にではなく、流域全体に降り続いた雨が支流で増水し、時間をかけて本流に流れ込む。そして非常に大きな流量を作り出したため逃げ遅れにつながったようだ。こうした現象にたいして河川工学の専門家は、「流域型洪水」と名づけたのである。

じつは、この「流域型洪水」を彷彿させる大水害が、災害民俗学が扱う怪異現象として伝承されてきている。木曽川、長良《ながら》川、揖斐《いび》川の木曽三川が流れる濃尾《のうび》平野を繰り返し襲った「やろか水」は、流域型洪水、時間差氾濫による非常事態を想起させるものなのだ。

民俗学者の柳田国男は「やろか水」について次のように描写した。

「大雨の降り続いていた頃の真夜中に、対岸の何とか淵のあたりから、しきりに「遣《や》ろうか遣ろうか」という声がする。土地の者は一同に気味悪がって黙っていたのに、たった一人が何と思ったか、「いこさばいこせ」と返事をしたところが、流れは急に増して来て、見る間に一帯の低地を海にした。」（『妖怪談義』一九五六年）

「やろうか、やろうか」は「あげようか、あげようか」、「いこさばいこせ」は「もらえるなら、もらおう」といった意味である。柳田の引用では、怪異の声が聞こえてきたのは「対岸」からとされているが、「上流」から聞こえてきたという伝承も多い。何日間にもわたって長雨が続いたある夜、土石をともなう大水が襲ってきた。しかし住民たちは大して危険だと思わず、避難しなかったところ、瞬く間に洪水が堤防を越え、村を流失させしてしまったという。

こうしたやろか水の記録としては、慶安三年（一六五〇）九月に尾張国と美濃国で大洪水があり、大垣藩とその周辺で死者は三〇〇〇人以上に及んだ。また明治六年（一八七三）に入鹿《いるか》池（愛知県犬山市）の堤が切れたときにも、「やろうか、やろうか」という声が聞こえたという。「やろか水」は上流の大雨が、水量が少なくおだやかに見える下流域を脅かすことを知らしめ、そのことへの油断を戒めるため伝承されてきたのだろう。

「泥と相撲をとっている」ような被災地

台風一九号に襲われた被災地で、自宅やビニールハウスなどから泥をかきだす多くの住民、ボランティアの姿がニュースで頻繁に映し出された。この豪雨災害から一か月後の一一月一二日、NHK NEWS Webでは、被災地はまだ日常を取り戻せておらず、生活に引き続き影響が出ているとしてこんな記事を配信している。

千曲川の堤防が決壊した長野市穂保《ほやす》とその周辺地域では、住民たちが浸水した住宅の片づけ作業に追われている。そのうち一階部分が浸水した八〇代の男性の住宅では、家族とボランティアが協力して、室内に入り込んだ大量の泥を取り除いたり、汚れたガラス戸に水をかけて丁寧に拭いたりしていた。男性は、「泥と相撲をとっているだけのようなあっという間の一ヵ月でした。この家で早く生活したいですが、中を乾かさないといけないのできれいになるのを待つしかありません」と話していた――。

泥まみれになった畳やふすま、浸水で利用できなくなった電化製品など大量の被災廃棄物が、行き場がなく放置されたままだという現状もある。こうした映像を目にして思い起こされるのが、アニメなどの媒体で描かれる水害のイメージだ。

たとえば今年の夏に大ヒットした新海誠監督の『天気の子』は、止むことなく雨が降り続け、東京の都心部を水没させてしまうが、街は透明な水の中に沈んでいる。また津波災害を想起させる宮崎駿監督の『崖の上のポニョ』(二〇〇八年)でも、波は濁流ではなく透き通っている。『天気の子』の〝水害〟は河川の氾濫によるものではなく、長い時間をかけて浸水したためだといわれるかもしれないが、東京で実際に大水害が起こったら、都市は泥交じりの濁った水の中に沈んでしまうことだろう。

洪水常襲地で続けられてきた「どろんこ祭り」

繰り返し洪水に襲われてきた地域のなかには、泥との戦いを「祭り」の形で伝承してきたところもある。

利根川の流域、千葉県野田市にある「三ッ堀香取神社」の奇祭「おお腹くちの泥祭り」は、別名「どろんこ祭り」とも呼ばれ、激しい泥の投げ合いで神輿も人も泥だらけになることで知られてきた。五穀豊穣、子孫繁栄などを祈願して一八世紀の半ば頃に始まったとされ、かつては旧暦三月五日、その後は四月の上旬に催されてきたが、一九九〇年（平成二）以降は参加者不足のため中断しているそうである。

祭りの当日、香取神社を出発した神輿は、利根川河畔の「浜」と呼ばれる神池まで渡御する。神輿を担いだ若い衆は、泥が張られた神池に神輿とともに飛び込んでもみあう。その後、神輿を池から引きあげる際、子どもたちから泥の塊を投げつけられる。若い衆は大声で囃しながら神輿をあげ、また池に下ろす所作を三回繰り返したのち、泥まみれの神輿を利根川の水で清め、最後に香取神社に納める。

江戸時代後期の地誌『利根川図志』（赤松宗旦著）などによると、この奇祭は昔、利根川の洪水で、洞（ウロ）のある木材が流れてきた際に、人々は十分に腹ごしらえをしてからこの木を引き上げ、産土神《うぶすながみ》として祀ったことに由来するという。こうした伝承をもとに、民俗学者の吉野裕子は、「ウロの入った流木は廃材として、その土気故に洪水を抑圧する呪物として引き上げられ、大河に臨む神社の神体となって祀られたものであろう」と推論した。三ツ堀の人々は、洪水を泥の池や泥の塊で表し、流れてきた廃材をご神体として祀った。香取神社の氏子たちは、河川氾濫の際、濁流や泥水で苦しめられてきた記憶を「祭り」にすることで、経験を伝承しようとしてきたのではないだろうか。

吉野はどろんこ祭りをその所作や由来譚などから、「利根川に沿うこの小村にとっては、その最大関心事は治水にあった。この大河の豊かな水は、民生を支える一方において、一度溢れ出るときには瞬時にして人々の生活を狂わせてしまう脅威を孕んでいた」とし、この祭りの目的は、「水を抑えることにしぼられよう」と結論づけている。

「近年にはなかった」かのように見られる大水害も、民俗的過去に遡れば、伝承や祭礼の形で警鐘が鳴らされてきたのである。

祭りの起源――村田沙耶香『変半身《かわりみ》』

祭りを調査しにいく際には、町村史や郷土史料、地誌などをあらかじめ読み、所作や次第はもちろん、起源や歴史的変化を頭に入れておく。そのうえで祭りがおこなわれる土地に赴き、村里を一巡したあと、神社や舞堂を訪ねる。事前に見てきた資料が古かったりすると、祭りが開かれる場所のようすが変わっていたり、所作や次第が簡略化されていたりすることもある。なかには祭りの起源や歴史について、仕入れてきた情報と違う見解を示す村人がいる場合もある。

「あの郷土史家が書いたやつなんかあてにならん。ほんとうのことを教えたろ」。

教育委員会が町村史でお墨付きを与えた祭りの歴史でも、多くの場合、伝承にもとづく起源を採用している。「言われている」、「ようである」、「という説がある」というのだから、起源は霧の中だというしかない。近い過去のことを聞いても、人によって記憶が食い違っていることもある。

あの所作が加わったのはいついつからだ、いやそうじゃない。あれをやめたのは何々の理由からだ、いや何々だからだ。

村田沙耶香の『変半身』は、千久世島という離島の伝統的な「ポーポー祭り」の最終日におこなわれる「モドリ」をめぐる話が発端となる。モドリに参加できるのは選ばれた人間だけで、しかも十四歳になってから、参加するのがだれなのかは口外禁止だ。モドリの参加者は、「紙でできた土台に、紙粘土を張り付け」、「粘土で三本の角を作って、乾かしたあと、真っ黒な墨で好きな模様をつけ」た仮面をすっぽりとかぶるのが習わしのようである。そんなモドリは秘祭であり、また奇祭でもあるのだろう。祭りの夜にはいったい、どんな怪しげなことが繰り広げられるのか。

じつはこの年のモドリには、主人公の中学生、伊波陸の友人である浜屋花蓮に呼ばれて、篠塚という民俗学者がひそかに招かれている。

秘祭や奇祭と聞くだけで、目の色を変える民俗学者もいるだろう。私にしても秘祭や奇祭には心惹かれる。しかし秘祭だといわれ、文字に記録されたり、写真に撮られたりしていなくても、祭りの存在が知られただけで、それはもう秘祭ではない。それでもどんな内容かと興味をそそられる。

そもそも民俗的な祭りというのは、共同体の外のものに見せるべきものではなかった。祭りは共同体の成員と、共同体を守る神、あるいは共同体を侵犯する神やもののけが参加しておこなわれるものなのである。だから共同体の外側の目にさらされたとたん、祭りは変質する。そうした事情を柳田国男は、「祭」から「祭礼」へと形容したことがあった。

千久世島の「モドリ」が秘祭である理由は、そのような民俗的なものではなかったが、秘祭性をうまく利用したとはいえるだろう。しかし起源や目的が明かされることがなければ、秘祭の地位を保って、何代にもわたり継承されていったかもしれない。さらに言えば、祭りがどのように変質、あるいは変節して、私たちの目の前で繰り広げられているかは、多くの場合詳らかでないのだ。

『変半身』が批評的であるのは、民俗から離れたようにみえる都会生活でも、そんな「思い込み」によって社会が成り立っているありさまも描き出されているからである。

陸の夫の友人であるタカヤが経営し、夫自身も勤める会社は、「流行」のライフスタイルを発信し、提案することを業務にしている。そのライフスタイルとは、「勝ち組男性」と「勝ち組男性の妻」になることであり、それが「成功者のモデルケース」でもある。都会の人々は、タカヤの提案に従って住む場所を移り、インテリアを取り替え、生き方を改める。

陸夫婦もその具体例を実践するため、「勝ち組男性」と「勝ち組男性の妻」を演じる。「成功者」という概念の入れ物を演じるのが、陸の夫の仕事だからである。しかし流行は短いサイクルで移ろい、また別のライフスタイルが持ち上げられるようになる。タカヤの会社は流行をしばしば変えることによって、利益を得ているからだ。

しかし、だれかが作った物語に乗せられ、あるいはだれかが決めたブームに寄りかかり、そのとおりにふるまうことで安心が得られるという人々を非難したり、否定したりできるだろうか。また流行への依存は、宗教や民間信仰とどう違うのだろう。

民俗学が対象とする民俗的な社会は、生活習慣や信仰は移ろわぬものだと思われているかもしれない。しかし実際には、外側からの圧力、内側からの願望によって習慣や信仰を変えていくことも少なくないのだ。

複数の神仏への信仰を並行させることはふつうだし、信仰が「方便」にすぎない場合もある。そういう意味では民俗的な社会は意外としたたかだと言ってよい。幕末維新に起こった神仏分離、廃仏毀釈などはその一例だろう。それまで信仰してきた神宮寺や本地仏をなきものとし、神社の歴史を捏造して、いまだに書き戻されていない地域も少なくない。

小説の後半部では、千久世島の「島おこし」に一役買うプロデューサーが登場する。島を離れ、都会生活を送っていた陸でさえ、愛着を抱き続けていた島の伝説、ポーポー様という神様とポピ原人という種族をめぐる物語が、観光客の誘致を理由に覆され、別の伝説が捏造されている。歴史が塗り替えられ、方言が作られ、新しい名物が生み出される。歴史館の展示物にはそれまでとは別の意味が付与される。ただし、秘祭モドリがそうだったように、ポーポー様とポピ族の神話にしても、その起源が証明できるものではない。証拠と言えば、伝説を裏づけるものと信じられてきた遺跡と化石があるだけなのだ。

かつては信仰の対象だったポーポー様の岩も、島おこしのプロデュースにより捨てられてしまう。ただしこれも、現実の廃仏毀釈で起こった事態と変わることではないだろう。

小さな共同体や祭りの起源、伝承や信仰の改竄や捏造、創作にとどまる範囲ならまだ罪は小さい。もしかすると「歴史」や「文化」といったものも、こんなふうに作られ、継承され、改変されてきたかもしれないからだ。

しかし、こうした改竄や捏造が、文明や人類の歴史、ひいては人間存在そのものにまで及んだとすればどうなることだろう。『変半身』はそんな悪夢のような状況を、エロスと哄笑と神話的な描写によって誕生させようとしているのである。

八月一五日は、たまらない。――スケラッコ『盆の国』

お盆が終わらない

八月一五日はたまらない。日がどんどん短くなり、夕闇が迫るのが早くなる。ヒグラシよりも、ツクツクボウシのほうが勢いを増し、夏の終わりが間近なことを感じさせる。八月一五日はたまらない。夏休みはあと半月しかないのに、宿題を全然やっていないものだからたまらない。

終戦記念日がなぜお盆なのか、子どものころから不思議だった。甲子園では正午にサイレンが鳴り、マウンドにはたいてい箕島《みのしま》高校の投手がいた（ような気がする）。八月一五日は母親に、終戦の日のことを聞くのが恒例で、玉音放送は「雑音ばっかりで、なに言うてるんか、わからんかったわ」と母親はいつも答えた。

スケラッコが描いた『盆の国』は、八月一五日、一日だけの話である。しかしこの物語では八月一五日のお盆が、何日も続いてしまう。登場人物が話すやわらかい言葉遣い、条坊制をとどめた古い町並み、盆地に迫る山肌からこの町は、西日本の長く都がおかれた場所のように見受けられる。私はここの出身ではないけれど、この町の夏のうだるような暑さを知っている。高温と湿気と陽炎で、人の姿がほんとうに溶けてしまいそうになるほどだ。

八月一五日がなによりたまらないのは、翌日になると、死んだ人の魂が帰って行ってしまうからである。民俗学者の柳田国男によると、お盆に死者の魂が帰ってくるという信仰や習俗は、神道や仏教とは関わりのない、古くからの日本人に固有のものだった。お盆は仏教の「盂蘭盆《うらぼん》会《え》」に由来するのではなく、供物を容れる「盆」から来ているのではないかと柳田はいう。昔は正月も、ご先祖様が帰ってくる時節だったが、正月は霊を家で迎え、お盆には地域で迎える。『盆の国』ではそうしたお盆の町のようすが、とてもよく描かれていると思う。

主人公の秋《あき》は子どものころから、お盆に帰ってきた霊、「おしょらいさん」の姿を見ることができる。彼女が住む町では、春に「雷」が落ちて、何人もの人が死んだ。そのときの死者にとっては最初のお盆、「新盆（しんぼん・にいぼん・あらぼん）」を迎える。八月一五日がたまらないのは、こうした新盆の魂を迎え、送る人々であり、短い帰還を果たした死者たちである。秋の中学校の同級生で、雷に撃たれて死んだ野球部員の新見くんは、『盆の国』の切ない主役のひとりだ。

「一つ目の旅人」がみた日本

Web連載の第一回を読んだとき、白髪ですらりとした背丈の「夏夫」は、外国人かもしれないと思った。なぜならそれは、『怪談』や『耳なし芳一』を書いたラフカディオ・ハーン、小泉八雲を思い浮かべたからである。明治の日本にやってきたハーンは、当時の日本人にも見えなくなりつつあった、神々や妖怪、精霊や霊魂を感じることができた。神話の国ギリシャと妖精の島アイルランドの血を受け継いでいるせいかもしれない。ちなみにハーンは、一五歳のころに、左眼を失明し、以来ずっと「一つ目」だった。

ハーンが日本の古い習俗を強く意識したのは、山陰地方で遭遇した盆踊りによってである。島根県の松江に英語教師として赴任する途中、鳥取県の上市《うわいち》(現・西伯《さいはく》郡大山町上市)で見た民俗行事の印象を、紀行随筆「盆踊り」に記した。踊り子の女性たちの「たおやかな、音を立てない、なびくようなさすす手ひく手」が、もしかして白い提灯の明りに照らされた幽霊の手ではないか、とハーンは疑う。

「そのとき、とつぜん、小鳥のように美しい、朗らかな韻律にみちた歌の声が、幾人かの娘たちの口をついて歌い出された。つづいて、五十人のやさしい声が、それに歌い和した。

　揃うた　揃いました　踊り手がそろた　揃い着てきた　晴れ浴衣」

ハーンは上市の盆踊りで、こんな踊り歌も書きとめている。
「野でも　山でも　子は生みおけよ　千両蔵より　子が宝
子供の亡霊を愛する地蔵が、物かげからそれを聞いて、にこにこ笑っている。」
一つ目の旅人はおそらく、神に捧げたもう片方の目で、古い習俗や信仰を見ることができたのだろう。私はやはり夏夫と小泉八雲は、どこか似ているように感じる。

死者とともに踊る

柳田国男は「新野《にいの》の盆踊り」という文章で、「本来踊りというもの」は「亡魂を送るために、催されるものであった」と指摘する。新野の盆踊りというのは、長野県下伊那《しもいな》郡阿南《あなん》町の新野地区で毎年八月一四日から一六日まで、夜を徹しおこなわれる盆踊りである。鳴り物を用いないこの古風な踊りを、柳田は、日本の盆行事の古い形を残すものだと感じたのだ。

この盆踊りでは、その年に新たに亡くなった人の霊（新精霊）を、「切子灯籠」に託し、踊り櫓《やぐら》の周囲に飾る。灯籠の数は、その一年に新野で亡くなった人の数になる。踊り櫓をめぐるように一晩中踊られるこの盆踊りは、新精霊とともに踊るという意味が込められている。

一六日の夜から踊り明かし、一七日の未明になると、来年までもう踊ることはできない。

「さていよいよ東が白むという時刻になって、さアもう送らにゃと長老たちが言い出すと、どうか今一区切りだけ踊らせてくれと、若い人が頼むのだそうである。送られるというのはこの一年の新仏で、その家々にあって歎く者も逝く者も、名残を惜しむの情は一致していた。」

柳田は、「あるいは昔の人にはこうして送られて去るものの姿が、ありありと目に見えたのかも知れぬ」と綴る。しかし私には、円陣を組んだ踊り手たちのようすは、新精霊を送らせまいと、抗っているように見えたものだ。

『盆の国』の秋も、お盆がいつまでも続き、死んだおじいさんや猫のしじみが、ずっとそばにいてくれることを願った。でもしかし、死者のなかには浮かばれないものや、思い残したことがあるもの、この世に恨みを残したままのものも決して少なくはない。そうした死者の霊がこの世にとどまり、執着を見せるようになると、生者を脅かすことになる。お盆の信仰も盆踊りの習俗も、来年また会えるからと、亡魂に帰っていただくために日本人が編みだしてきたものだ。スケラッコの『盆の国』はこうした、日本の民俗の、最も素朴で、最も深いところにふれていると私は感じる。

この物語を読んだ人はだれもこれから、毎年八月一五日に近づくにつれ、秋や夏夫や、新見くんやしじみのことを、思い出さずにはいられないだろう。もちろん物語の舞台となった町のことや、たまらない暑さのことも。

「パワースポット・ブーム」再考

パワースポットの〝起源〟

いわゆる「パワースポット」がブームになってから、もうすでに一〇年以上が経過する。古くから信仰の対象となってきた土地、宗教施設がある場には「パワー」がみなぎり、そこを訪ねると「力」が得られるという、現世利益的、通俗的、「迷信」的な解釈が多くの人々に共有されてきたのだ。ブームは一過性のものではなく、平成が終わろうとしている現在も、メディアに流通している。「パワースポット」は、現代日本人の宗教に対する浅薄な意識の象徴であり、理由なき〝名所〟をもてはやすのはそろそろ止めたほうがよいのではないか。そこで、このブームの起源を探るとともに、歴史的・民俗的に、こうした〝スポット〟への関心を批判的に検証してみたい。

「パワースポット」という言葉自体は一九八〇年代からすでに存在したが、多くのメディアが取り上げるようになったのは九〇年代からである。UFO、未確認生物、超能力、超古代文明などを扱う月刊誌『ムー』は、一九九三年（平成五）八月号の特別付録に「日本列島パワースポットガイド」を付けている。同年二月には美術家の横尾忠則が『ARTのパワースポット』を刊行。現代美術の領域では、「パワースポット」という概念はすでに通用していたのだろう。これらに遡る九一年一一月には〝超能力者〟として知られた清田益章が『発見！パワースポット』という本を刊行していた。〝エスパー清田〟はパワースポットの生みの親のひとりなのである。

二〇〇〇年代に入ると、スピリチュアリストの江原啓之や〝風水〟による開運を流行らせたDr.コパらがメディアの寵児となり、それぞれの立場からパワースポットのご利益を喧伝した（ただし江原はのちに、神仏への畏敬の念を持たないパワースポット巡りを批判している）。そして二〇一〇年（平成二二）頃には一般紙やテレビのニュースでも、「パワースポット」という言葉がためらいもなく使用されるようになってしまったのである。

「清正井」と「白い氣守」

パワースポットという用語と概念を広め、ブームをあおった現象のひとつに、明治神宮御苑（東京都渋谷区）の「清正井（清正の井戸）」に参拝者が殺到するという事態があった。

テレビ番組での紹介で知名度が一挙に上がり、二〇〇九年末頃からは人気のパワースポットとなったのである。この井戸の画像を、携帯やスマホの待ち受け画面に設定することでパワーを得られる、癒しの効果が得られるなどという噂が一気に広まり、最盛期には四、五時間待ちの行列ができてニュースになったのだ。ちなみに、「清正井」がパワースポットとされるのは、富士山と皇居を結ぶ「龍脈《りゅうみゃく》」の上にあり、気が地表に吹き出す「龍穴《りゅうけつ》」だからということである。

〝パワースポット〟が頒布する「気」を帯びた護符が、騒動を巻き起こしたのは去年（二〇一八年）のことである。埼玉県秩父市の三峯《みつみね》神社が毎月一日（朔日）にだけ頒布する限定品の「白い氣守《きまもり》」を求める車で、大渋滞が起こったのだ。

三峯神社は、猪などの害獣から農作物を守る狼を、眷族《けんぞく》・神使《しんし》として祀る「お犬さま」信仰で知られてきた歴史的霊場である。標高一一〇〇メートルの高地にある神社にアクセスするには、ほぼ一本道の県道を通らざるをえないため、四月には過去最長となる約二五キロの渋滞となり、路線バスが運休するなど市民生活にも影響が出た。また参拝者の多くが神社に到着できないため、神社のはるか手前で、社務所の職員が月内有効の「氣守引換え券」を渡すという事態となった。こうした状況を重くみた神社では五月一五日に、「白い氣守」の頒布を六月から当面休止すると発表したのである。

〝俗流アニミズム〟の果てに

三峯神社は「白い氣守」ブームの以前からパワースポットとして知られ、その中心は樹齢八〇〇年とされる杉の「神木」だった。筆者は二〇一〇年、三峯神社に『神社に泊まる』の取材のため参籠《さんろう》（宿泊）したが、当時もこの神木は〝氣〟があるとされていたものの、ここまでのブームではなかったと記憶している。

巨木や巨石に霊力を感じるのは、〝日本人〟が古くからもつ素朴な信仰心だと考えられている。しかし、日本列島に住んできた人々がどのような信仰をもってきたかを実証することは困難だ。自然崇拝を基礎とし、そこに霊的なものをみとめるアニミスティックな信仰、祖先や身近な死者の魂を鎮める祖霊崇拝がなされたことは考古遺物などから推測できる。こうした自然崇拝、精霊崇拝、祖霊崇拝は、豊作や豊漁を願いつつ、共同体の繁栄と安寧を祈るものだっただろう。

古代人ならずとも、巨木や巨石には、人間的時間を超えた生命力や神秘的な力が感じられるかもしれない。またエコロジカルな生活を礼賛する近年の自然志向、環境に対する過大な保護主義的観念が、霊的スポットに多くの人が惹きつけられる要因になっているのだろう。昨今の縄文ブームにも〝自然との共生〟を高く評価するような側面がみられる。しかし自然は本来、人々に恩恵を与えるとともに災害などを起こす脅威の対象でもあった。山や川、海に対する「畏怖」の感情が、自然そのものへの信仰心を芽生えさせ、そこが霊の依り代であるという観念を定着させたのだ。

だが、都市に住む第三次産業の従事者たちには、自然から受ける直接的な恩恵は少なく、遠くの災害も他人事になってしまっている。多くの日本人にとって、自然の恵みも脅威も、切実なものではなくなっているのだ。だからこそ、古来の信仰を踏まえることなく、メディアが喧伝する〝名所〟に過度な期待をしてしまうことになるのである。

仏像には〝パワー〟がない？

また、明確な「形」がないこと、なんとなく神秘的であることが、パワースポットの要件であるように見受けられる。たとえば奈良の大仏や、京都・三十三間堂千体千手観音のような著名な仏像・仏像群が、それ自体をパワースポットとして称揚されることはない。あくまでもその〝場所〟が重要であり、仏像や建造物よりも自然や環境・景観に、〝パワー〟があるとされるのだ。おそらく、仏教の〝具象的〟〝可視的〟な信仰対象は神秘的ではないのだろう。

しかし、パワースポットに選ばれるような霊山は、明治初年の神仏分離まで仏教と切り離すことができなかったところがほとんどなのである。三峯神社も近世までは「三峯権現《ごんげん》」と呼ばれ、「観音院高雲寺」という仏教寺院が十一面観音を本尊として祀っていた。戸隠《とがくし》神社は「戸隠権現」であり「戸隠山顕光寺」が、出羽三山の羽黒山は「羽黒権現」であり「羽黒山寂光寺」が実態だったのだ。ところが、これらの「山」は神仏分離令で「権現」号が禁止され、仏を廃して神のみを祀るようになったのである。こうした神社が、現在でも寺院として多くの仏像を安置していたなら、神秘的な雰囲気が必要な「パワースポット」とみなされていなかったかもしれない。

「大衆神道」と呼ぶべき信心の形

流行に左右され、歴史に目を向けず、迷信に振り回される現代の大衆と比べると、近世の庶民のほうが信仰の面ではよっぽど〝したたか〟だった。彼らは、共同体を維持するための固有信仰と、物見遊山《ものみゆさん》、「観光」としての参詣をどこかで分けて考えていたふしがあるのだ。江戸近郊の江の島や大山《おおやま》への参拝、あるいは「お蔭参り《かげまい》」の形をとった伊勢神宮への巡詣などは、娯楽としての性格も強く、信仰は「方便」だった。日常の「俗」生活から離れ、非日常の「聖」空間に詣でるというのは、人聞きのよい口実であり、実際は「旅の恥はかき捨て」とばかりに遊興に励んだのである。また、共同体を鎮守する氏神・産土神とは別に、流行神を次々と勧請することで「祭」を増やし、休日の増加を図った人々もいたことも以前に紹介したことがある（「「休日増」を勝ちとった江戸時代の若者たち」『死者の民主主義』所収）。

しかし現在の大衆には、そうした〝信仰の使い分け〟は見出せない。「清正井」を待ち受け画面にすることで癒され、「お守り」を買うことで氣が得られると信じようとする。このような「大衆神道」や「通俗神道」というべき信心のありようは、そろそろ反省すべき時期に来ているのではないだろうか。

一九九五年（平成七）と二〇一一年に私たちは未曾有の災害を経験した。そして、二〇一八年は「今年の漢字」に「災」の字が選ばれるような一年だった。自然の恵みを実感することができなくても、自然の脅威を免れることはできないのだ。圧倒的な自然や美しい環境は、人間に都合のよい「パワー」や「力」ではありえない。通俗的なアニミズムは私たちの信仰観念とは程遠いものなのだ。「パワースポット」への関心が、歴史の古層や民衆信仰のあり方に及んだとき、このような問題にふれざるを得ないのである。

観光資源としての「妖怪」

衰えない妖怪ブーム

妖怪ブームが最高潮に達したのは、二〇一六年（平成二八）の夏あたりだったろうか。『妖怪ウォッチ』が大流行し、江戸東京博物館で開催された「大妖怪展　土偶から妖怪ウォッチまで」は二〇万人以上の来場者を集めた。

それから三年経った今年（二〇一九年）の夏も、川崎市市民ミュージアムの「妖怪／ヒトーファンタジーからリアルへ―」、広島県立美術館の「追悼　水木しげる　ゲゲゲの人生展」、国立歴史民俗博物館の「もののけの夏――江戸文化の中の幽霊・妖怪」、太田記念美術館の「異世界への誘い――妖怪・霊界・異国」、国立民族学博物館の「驚異と怪異――想像界の生きものたち」など、〝妖怪展〟〝もののけ展〟は枚挙に暇がない。ご多分にもれず、じつは私も「災の国　妖怪伝～災害と妖怪・伝承～」という展覧会（埼玉県防災学習センター・そなーえ）の監修を担当しているのだが。

そして今年の〝妖怪シーン〟でこれまで最大のニュースは、広島県三次市三次《みよし》町の「湯本豪一記念 日本妖怪博物館 三次もののけミュージアム」が四月末に開館したことである。三次町が、絵本や絵巻、漫画の題材で知られる「稲生物怪録《いのうもののけろく》」の舞台となった町であることが開設のきっかけになった。日本屈指の妖怪コレクターである湯本豪一が寄贈した約五〇〇〇点ものコレクションを展示の中心に据える、常設展示室「日本の妖怪」では、日本人の生活のなかで妖怪たちがどのように捉えられ、表現されてきたかを系統的に紹介。六月二三日には、開館から二か月弱で入場者数が五万人に達したという。

新しく加わった三次をはじめ、日本の各地には妖怪を町おこしに利用した自治体が少なからずある。そのうちのいくつかを概観しながら、本来はまがまがしく恐ろしいはずの妖怪が、地域の期待を集める理由を探っていきたい。

日本各地に点在する〝妖怪の町〟

鳥取県境港《さかいみなと》市の「水木しげるロード」は漫画家・水木しげるが描く妖怪の世界観をテーマに、県内では鳥取砂丘と並ぶ一大観光名所になっている。

境港駅から本町アーケードまでの全長約八〇〇メートルのあいだに、『ゲゲゲの鬼太郎』のキャラクターを中心に、日本各地の妖怪をモチーフとした銅像など、多数のオブジェが設置されている。また水木の人物像と作品世界に光をあてた「水木しげる記念館」もあり、近くの商店街は、水木しげるロードのイメージコンセプトに沿った販売・サービスを展開する。この水木しげるロードは、次のような経緯で設置されることとなった。

境港市は日本有数の漁港によって繁栄し、商店街もそれにともない発展していったが、モータリゼーションの変化や大規模小売店の進出などから衰退し、商店街は〝シャッター化〟の状態にまで落ち込んでいた。市では、境港に生まれた水木しげるの代表作『ゲゲゲの鬼太郎』『悪魔くん』『河童の三平』などに登場する妖怪をモチーフにした銅像を設置する、商店街の整備計画をまとめた。そして、一九九三年（平成五）七月一八日に銅像二三体を設置し、水木しげるロードがオープンした。

二〇〇三年には「水木しげる記念館」が開館、〇五年には映画『妖怪大戦争』のヒットなどに乗って来場客が増加し、〇七年には目標だった年間観光客数一〇〇万人を突破する。一〇年には、NHKの連続テレビ小説において『ゲゲゲの女房』が放送され、一一月中旬には映画版が公開されたことから水木しげるロードを訪れる観光客も増加し、年間観光客数は最終的に史上空前の三七〇万人を達成した。

水木しげるが境港に住んでいたのは、生後まもなくから（二歳頃からの説も）高等小学校卒業までの一二、三年ほどのことである。しかし、〝国民的漫画家〟の作品世界の源泉になった場所であることに疑いはなく、現在のインスタ映えを先取りするように、街なかに妖怪像を配するというアイデアが、地域の想像を超えて功を奏したと考えられる。

妖怪伝説の〝発見〟をきっかけに

徳島県三好市山城町《やましろ》は、水木しげるの漫画でもなじみ深い「児啼爺《こなきじじい》」の発祥地であることが〝発見〟されたことから、妖怪の町へと舵を切った。

過疎化が進んでいた山城町では、昭和三〇年代に一万五〇〇〇人だった人口が、現在では四〇〇〇人を切るようになった。このような状況を打開しようと、地元のボランティア団体が中心となり、一九九八年、環境美化や歴史の調査などの活動を開始する。こうした活動のなかで、山城町が「児啼爺」伝説の発祥地であり、「一ッ目入道」「エンコ（河童）」など、一五〇以上の妖怪伝説が残っていることがわかってきたという。

二〇〇一年に地元の有志が呼びかけて「児啼爺」の石像が建てられたのを契機に、毎年一一月に「妖怪まつり」がおこなわれるようになる。〇八年には「四国の秘境　山城・大歩危《おおぼけ》妖怪村」が結成され、山城町が世界妖怪協会から「怪遺産」に認定されると、町ぐるみで妖怪をアピールする地域づくりに取り組むようになった。道の駅も「妖怪屋敷」としてリニューアルされ、妖怪ゆかりのスポットには住民が作った妖怪の彫刻が設けられて〝妖怪めぐり〟ができるように整備された。

山城町では過疎化に悩んでいた自治体が、有志により〝妖怪伝説〟とツールを手に入れ、町ぐるみで山間の村里を妖怪スポットに変貌させたのである。

民俗学の創始者ゆかりの地では

妖怪の故郷で妖怪観光地として最も知られるのは、民俗学者・柳田国男の著書『遠野物語』の舞台、岩手県の遠野市である。

遠野には、『遠野物語』に描かれた河童や天狗、ザシキワラシといった妖怪が出現したり、怪異現象が起こったりしたとされる場所が点在している。由緒ある古社寺や小堂、石神・石碑の数々も、不可思議な伝承をイメージさせるのにじゅうぶんだ。また、「遠野市立博物館」「伝承園」「遠野ふるさと村」「とおの物語の館」などの妖怪に関する施設も多い。それだけにとどまらず、ジンギスカン鍋を名物料理に打ち出し、日本産ホップの一大産地として〝ビールの里〟をうたうなど、妖怪以外の観光コンテンツを充実させてきている。東北の内陸部から三陸沿岸への中継地点でもあり、別の目的で遠野を訪れた人が、初めて妖怪の町だと知るといったことも起こっている。

柳田国男の生誕地である兵庫県神崎郡の福崎町《ふくさき》も、近年は〝妖怪の町〟として観光客を呼び寄せるための企画を、次々と立てている。なかでも、池の中から姿を現すリアルな河童のオブジェは、大きな人気を集めることに成功した。

福崎町における〝妖怪町おこし〟のきっかけは、二〇一三年四月に、当時の町幹部から町職員への「公園の池の水がきれいにならないので、逆手にとって池から河童を出せないか」という提案からだったという。そして翌年の二月には、池から飛び出す河童像が設けられたのだ。これを皮切りに、「全国妖怪造形コンテスト」が開催されるようになり、最優秀賞に選ばれた作品をモチーフにした妖怪の像も、公園内に設置されていくようになった。これらの効果から、福崎町を訪れる観光客数は一三年度の約二四万八〇〇〇人から、一六年度は約四一万五〇〇〇人へと急増した。

民俗学の創始者ゆかりの地と言っても、遠野に比べると知名度が劣っていた福崎だったが、視覚に訴えかける刺激的なオブジェを導入することにより、〝妖怪の町〟としての認識が一挙に高まったのである。

妖怪は楽しむべきものなのか?

福岡県久留米市田主丸町《たぬしまる》も、古くから河童伝説で知られてきた。

田主丸では、JR久大本線田主丸駅の駅舎は河童の顔の形にデザインされ、「田主丸ふるさと会館」に河童伝説にかんする資料が展示されている。このほか、駅の西側を走る歩道の一部は「カッパロード」として整備され、巨瀬川《こせ》とひばり川に架かる一二の橋を中心に、町内二四か所の石像や石碑などが河童の名所だ。

一九五四年、筑後川上流に夜明《よあけ》ダムが完成したことで、大分県日田との川舟による物流が途絶えた。川沿いのにぎわいが消えようとしていたころ、河童好きで知られる作家の火野葦平《あしへい》が田主丸を訪ね、住民と意気投合し、五五年に葦平の協力により「九千坊《くせんぼう》本山田主丸河童族」が結成された。以来、伝説の研究、土産物の開発、祭りの創造などを柱とした町おこしが始まった。

田主丸の河童伝説は、もともと水害と強く結びつくものである。久留米市を流れる筑後川は、昔から筑後平野という豊沃地帯を造ってきた。いっぽうで筑後川は暴れ川でもあり、一夜にして流れが変わることから、「一夜川《いちやがわ》」の異名を持つ。大洪水に苦しめられていた人々は、これを神の祟りと捉えて、水神信仰が生まれた。その後、水神信仰は分化し、河童に対する信仰が育っていったのである。二〇一七年の九州北部豪雨、一八年の西日本豪雨で久留米市は大きな被害を受けた。三次もののけミュージアムがある三次市も、JR芸備線が西日本豪雨による被害で暫定的に再開されたままである（二〇一九年当時）。

三次もののけミュージアムではいま、妖怪の「かわいらしさ」に焦点をあてた展示が催されている。しかし、妖怪は本来、ただ驚いたり、おもしろがったり、かわいいと感じたりするようなものではなかったはずだ。日本人は、共同体を襲う災害や疫病を、妖怪や物の怪など〝不可思議〟なものに由来するものだと考えてきた、また鎮魂や供養をそれらに託してきたのである。

妖怪を町おこしに利用する自治体のなかにも、遠野市をはじめ、山城町や田主丸町など、怪異や災いを〝観光〟の要素から排除していない地域もある。妖怪の発生要因を考慮したとき、また襲い来るであろう水害や地震・津波により、まだ眠っている土地の記憶が、これから〝発見〟されていくことがないとはいえない。たとえばインバウンドに向けても「災害列島」がまた「妖怪の島々」であることは、この国の〝クール〟ではなく、〝ホット〟な個性であることをアピールしていってもよいのではないか。いや、日本自身が、妖怪の記憶と経験を掘り起こすことにはまだ怠惰だと、私は思うのだ。

もはや神頼みしかない――感染症と日本人

正体不明の〝疫病〟

中国武漢から発生したといわれ、日本を巻き込んで世界中で猛威をふるう新型コロナウイルス（COVID-19）。今月（二〇二〇年三月）一一日にWHO（世界保健機関）のテドロス事務局長が「パンデミック（世界的流行）」を宣言し、感染拡大が衰える気配は見えない。このウイルスが恐ろしいのは、なによりも〝新型〟であるからだ。未知の感染症は、どのように拡がっていくのか、病原体はどのような性質を持っているのかといった〝正体〟が見えないため、恐怖心を増幅することになる。

私たちが住む日本列島は、歴史上繰り返し感染症の流行に脅かされてきた。古代から中世・近世までの日本人は、正体不明で治療が困難な疫病を、目に見えない存在がもたらすものだと信じてきた。こうした疫病の原因とみなされた〝もののけ〟や怨霊、悪鬼を取り除くため、さまざまな祈願をしてきた先人たちの営為をこの機会に顧みておきたい。

天然痘大流行は大仏建立を促したのか

近世以前の日本を襲った感染症で、死亡率が高く、流行すると多くの人々が命を失うことで恐れられたのは、天然痘（疱瘡）とはしか（麻疹）である。このうち天然痘が最初に日本で大流行したのは、天平七年（七三五）の初夏で、九州の太宰府を中心に北九州で猛威をふるった。『続日本紀』の天平七年五月二三日の勅に、「災異が頻々《ひんぴん》と起こっているが、これは天地からの咎《とがめ》の徴《しるし》で、……施政者としての責めは予《われ》にある」とあり、自責の念を抱いた時の聖武天皇は、災害を消除し、国家を安寧ならしめるため、宮中と大安寺、薬師寺、元興寺、興福寺で、「大般若経」の転読法要をおこなわせた。その後も天皇は、疫病のため太宰府で多くの死亡者が出ていることを聞き及んで、神に御幣を捧げて祈祷し、京の寺や諸国の寺々に「金剛般若経」を読ませた。さらに太宰府に使者を遣わし、疫病にかかった人々に稲穀や布、綿、塩などを支給し、薬を与えるように命を下した。聖武天皇は、未知の感染症の流行を食い止めるため、仏にすがるとともに、現実的な施策も実行しているのである。

天平一五年一〇月一五日、聖武天皇は近江国紫香楽宮《しがらきのみや》で「大仏造立の詔」を発した。この発願を天然痘大流行と結びつける説があり、近年も天変・事変が重なると「大仏建立」が取り沙汰される。このコロナ禍でも大仏建立アプリが開発され、人気を集めているが、聖武の大仏造立の詔のなかには、疫病に関する言葉はじつは出てこない。聖武の治世には疫病流行のほかにも、飢饉や政治的混乱が打ち続いたことから、そうしたすべての事態を憂慮して大仏造立は発願されたものだろう。しかも現実には、巨大な盧舎那仏《るしやなぶつ》（奈良の大仏）とそれを収める大仏殿の造立は、疲弊した民衆にさらに負担を強いるものだったはずだ。

感染源は朝鮮半島？　それとも中国？

天平時代に流行した天然痘が、日本列島にどこからもたらされたかについては、朝鮮半島と中国の二つの説がある。

天平九年一月（七三七年三月）、遣新羅使（朝鮮半島南東部の新羅国への使節）の帰朝報告によると、大使の阿倍継麻呂《あべのつぐまろ》は帰路、対馬で病死し、副使の大伴三中《おおとものみなか》も感染したという。その大伴三中は病から回復して、朝廷に帰国を報告したが、そのとき、一〇〇人を超えていた一行が、四〇人に減っていたのである。彼らが朝廷に参内《さんだい》した直後、天然痘は平城京中に広まり、最高権力者である藤原房前《ふじわらのふさざき》が死亡したのをはじめ、房前の三人の兄弟など、太政官八人のうち五人が次々と死亡し、藤原政権が倒れる事態にまで発展した。

　また聖武天皇が諸国の寺院に「般若経《はんにやきよう》」を転読させた天平七年の流行の際には、入唐から帰国した吉備真備《きびのまきび》、玄昉《げんぼう》ら、遣唐使・遣唐留学生らが、中国から持ち込んだのではないかと疑われている。

「災異改元」やむなし!?

　流行病の猛威を抑えるため、日本の国家がたびたびおこなった対処法は、元号を改めることだった。

　天然痘の流行によるだけでも、天暦（九四七）、長徳（九九五）、永久（一一一三）、大治（一一二六）、応保（一一六一）、長寛（一一六三）、安元（一一七五）、治承（一一七七）、建永（一二〇六）、承元（一二〇七）、嘉禄（一二二五）、嘉禎（一二三五）、乾元（一三〇二）、弘和（一三八一）、享徳（一四五二）の改元が、いわゆる「災異改元」なのである。

　正暦六年（九九五）二月二二日、全国的な天然痘（裳瘡《もかさ》）の流行により、「長徳」に改元された。その前年、天然痘は平安京に侵入し、鴨川や都大路には埋葬しきれない庶民の遺体が放置されたという。年が改まると大内裏の官人（役人）たちも感染し、公家たちにも拡がった。長徳に改元しても疫病は終息せず、関白に就任して一二日しか経たない藤原道兼も死亡した。その後も五位以上の官人のうち六九人が死亡し、六位以下の官人・僧侶で死亡したものは数え切れないほどだったという。

天治三年（一一二六）一月二二日、天然痘の流行により「大治」に改元された。前年の冬から天然痘が流行し、若死にするものが多く出たためである。朝廷では前年末、内裏の諸門で疫病などを追い払う「鬼気祭《きけのまつり》」をおこなったが効果はなかったようである。

「赤色」を使って天然痘を除く

幕末には疱瘡除けの錦絵がもてはやされ、疱瘡神を退治したと伝承される鎮西八郎為朝が好んで描かれた。疱瘡神を祀る「疱瘡祭」もさかんにおこなわれ、下野《しもつけ》（栃木県）では疱瘡祭に供える疱瘡餅を惜しんで減らしたり、餅つきのとき賑やかに騒がなかったりすると病人は死亡するといわれた。子どもが疱瘡にかかったときにも赤い幔幕《まんまく》を部屋に張り、身の回りはすべて赤色のものだけを使った。肌着は紅紬、紅木綿で作り、一二日間取り替えなかった。患者だけでなく、看病人も赤い衣を着た。

天然痘とともに恐れられた麻疹も、日本人とは長きにわたる交渉史がある。

『日本紀略』によると長徳四年（九九八）七月に、感染症が流行したという記録がある。この病気は「稲目瘡《いなめがさ》」や「赤疱瘡《あかもがさ》」と呼ばれ、「世の中でこの病気から免れている人はいない」と記される。平安時代後期に書かれた『栄花物語』にも、「今年例の裳瘡（もがさ。天然痘）にはあらで、いと赤き瘡《かさ》の細かなるいできて」とあり、大流行したこの感染症がはしかだったことがわかる。江戸時代の文久二年（一八六二）、麻疹が大流行した際には、その予防法や摂生の仕方を描いた「はしか絵」が一〇〇種類以上出版された。そこには、麻疹にかかっても軽くすむまじないや、食べてもよいものと悪いものが記されている。食べ物によって麻疹が治ったり、悪化したりするという風説は決して科学的なものではなかったが、感染症状に向き合う庶民の切実さの表れとみるべきだろう。

感染症が発生すると神仏に祈願し、改元し、病原体を避けるため、衣食住にも気を配った。こういった行動を陋習《ろうしゅう》や迷信と呼ぶだけではすまされない。私たちもいま、未知の病との遭遇に右往左往するばかりではないのか。

観光の終焉と祭りの復権

日本は「観光」で支えられてきた

新型コロナウイルス感染症の拡大にともない（二〇二〇年）四月七日に発令された緊急事態宣言は、五月二五日にすべての都道府県で解除された。このふた月近くのあいだに、不要不急の外出や都道府県間の往来の自粛が促され、観光目的の旅行は避けられるようになった。

国境を越える渡航も規制を余儀なくされたため、四月の訪日外国人旅行者数は二九〇〇人で前年同月比九九・九パーセントの減少。おもにアジアからのインバウンド需要で利益を得てきた各地の観光地では、宿泊施設や土産物店から悲鳴が聞こえてくる。感染症の拡大が収束するまでのあいだ、観光旅行は不可能になってしまうのか。あるいは、なにかしらの対策を講じながら、旅行を再開するための道を探ることができるのか。そこでここでは、「観光」の本質を探りながら、これからの時代の旅行のあり方について考えてみたいと思う。

新しい生活様式の下で旅行はできるのか?

今回のコロナ禍を踏まえて、感染対策として「新しい生活様式」が提唱されるようになった。そこに盛り込まれたさまざまな制約は、これからの観光にどのような影響を及ぼすことになるだろうか。

遊びにいくなら屋内より屋外を選び、人との間隔はできるだけ二メートル（最低一メートル）空ける。感染が流行している地域から、あるいは感染が流行している地域への移動や、帰省や旅行を控える。娯楽やスポーツ等では、すいた時間、場所を選び、なるべく予約制を利用する。公共交通機関を利用するときには会話は控えめにし、混んでいる時間帯は避け、徒歩や自転車利用も併用するというのだ。こうしたスタイルを忠実に遂行していたら、観光は成り立たなくなってしまう。

ところで「観光」という言葉は、中国『易経』の「国の光を観る、もって王に賓たるに利し」という一節に由来し、「国の威光を観察する」といった意味だった。日本では明治時代から使われはじめ、大正以降、「tourism（ツーリズム）」の訳として用いられるようになる。しかし、明治・大正時代の人々もおそらくは、「風光を観にいく」とか、近世の「物見遊山」と同じ意味で使っていたと想像される。雇い主から休暇をもらって物見遊山の旅に出るには、宗教的な理由が欠かせなかった。そこで伊勢神宮や讃岐の金比羅への参詣が「方便」に用いられた。そんな時代の旅の方法のなかに、新しい生活様式下での観光の参考になることはないだろうか。

「代参」と「富士塚」

近世の旅でも、経済的理由からも庶民のだれもが自由に旅することができたわけではない。そこで編み出されたのが、代表者がお参りする「代参」という方法である。「講」という集まりをつくり、くじ引きや輪番制で代参人を選ぶ。代参人は講員が積み立てたお金を社寺への納金や参詣の旅費にし、参詣先で授かった御札を講員に分配する。これは参拝した神仏の御利益や恩恵を持ち帰って分けることを意味し、それを具象化したものが「土産」だった。

しかし、代参制度で旅行に行けなかったものは、不満に思わなかったのだろうか。ところが、近世の人々は具体的な土産や、おそらく話を盛った土産話を喜んだ。そこには話上手と聞き上手という絶妙の関係があり、旅に出ることはかなわなくても、見知らぬ風光に想像力をふくらませることができたのだ。

情報がたやすく入手できる現代に、代参など荒唐無稽だといわれるかもしれない。しかしたとえば、子育てや単身赴任、入院、あるいは身障者など、距離や身体的問題によって行きたいところに行けない人のために活躍している「OriHime」という分身ロボットがある。自分に成り代わって、ロボットも含めたほかのだれかに観光してもらう未来も、あながち現実的ではないといえないのではないか。

代参以外では、訪ねてみたいと思う観光地を〝手元に置く〟という方法はどうだろう。たとえば「富士塚《ふじづか》」は、富士講（富士山信仰の講社）の講員が造った人工富士山で、参詣道にある施設や聖地を設け、稲妻型の参道、富士山の溶岩塊を張り付けたものである。

東京の駒込富士や浅草富士など各地の富士神社や浅間神社の境内には、富士山をかたどった模造富士や富士塚がつくられ、六月一日の山開きの日に白い行者姿の富士講の講員が富士塚に登る風習があり、一般の人もこれにならった。駒込の富士神社では、麦藁蛇《むぎわらへび》が富士塚詣の名物となり、これを授かると疫病にかからないという俗信もある。

静岡県は新型コロナウイルスの感染が拡大するなか、五月一八日に富士山の三つの登山ルートを、この夏一斉に閉鎖することを発表した。登山者の宿泊や休息、救護に不可欠な山小屋の休業が決まり、登山者の安全確保が困難だと判断してのことである。山梨県側のルートも閉鎖が決定しているため、富士山は史上初の夏山閉鎖が決まったのだ。登山道の閉鎖の判断を下した川勝平太静岡県知事は、「今夏の富士山は仰ぎ見る存在として、絵を描いたり俳句を詠んだりして楽しんでほしい」と述べたという。しかしこんな事態にこそ、近世の人々が造った富士塚に登拝するのはどうだろう。もちろん三密は避けたいものだが。

復権すべき本来の「祭り」の姿

五月一二日、岐阜市の花火師が新型コロナウイルスの終息を願って岐阜城近くの夜空に花火を打ち上げた。花火玉や花火の筒に「悪疫退散」という札を貼り、午後七時半から三分ほどで二五発打ち上げたが、「三密」を防ぐために日時と場所は公開しなかった。この日は「国際看護師の日」だったため、医療従事者への感謝を示す青色の花火を中心にしたという。打ち上げは今回二回目で、前回も日時と場所を公表しなかった。しかし、ツイッター上では、各地の祭りや花火大会が中止されるなか、「音だけでも聞けてうれしかった」などの反響があったということである。

花火にはもともと慰霊の意味があり、東京・隅田川の花火大会も江戸時代に流行したコレラの退散祈願が起源である。それどころか、日本でおこなわれてきた祭りのほとんどが、疫病災害（疫災）を含む災害を除くため、また災害の死者を弔うために続けられてきたといっても言い過ぎではない。中心的な行事が中止になった京都の「祇園祭」や、青森の「ねぶた祭」も、疫病の退散祈願が祭りの目的だったのである。各地で伝統的な祭りが中止になるなか、岐阜でおこなわれた日時を公開しない打ち上げ花火の取り組みは、ほかの地域でも参考にできるのかもしれない。

「物忌み」のすすめと「祭り」の解禁

花火や祭りの意味を弁《わきま》えた岐阜の花火と比べると、大阪の「太陽の塔」や「通天閣」、東京湾のレインボーブリッジでおこなわれている感染拡大の警戒度を示すライトアップは筋が悪い。災害には明確な区切りなどないし、まだ病と戦っている人々、あるいは亡くなった人々への配慮や敬意、畏怖といったものが感じられないからだ。このコロナ禍が持続性のあるものなら、一年に一度、一〇日でも一週間でも、家に籠り、企業活動を自粛して、今回の経験を反省する機会を設けてもいいかもしれない。そこで思い浮かぶのが、民俗社会で古くからおこなわれてきた「物忌み」である。

物忌みは、祭りの際や災いから免れるため、あるいは夢見の悪いときや物の怪につかれたときなどに一定期間食事や行動を慎み、沐浴するなどして身心の穢《けが》れを除き、家または特定の建物に籠ることである。

そもそも災害は祭りになぞらえることができるものである。過去に起こった災害の経験を活かすため、高台の神社に集まり、避難行動を予行演習する意味合いもあった。またその際にも、災害による死者への鎮魂が祈念されてきたのである。祭りも災害も決して一過性のものではなく、「あとの祭り」にならないように、準備に時間をかけ、次回への伝承に心を配ってきたのだ。新しい生活様式下にあっても、だれかが率先して〝自粛〟を断たないと、「祭り」の意味が失われてしまうだろう。観光客の目を気にせず、突発的な夏の祭りがどこかで盛大におこなわれることを期待したい。

「まじない」に託す切実

太平洋戦争のさなか、民俗学者の柳田国男が多摩丘陵の村里を歩いているとき、あるまじないを目にした。二階建ての農家の戸の上に、子どもの手形を墨で捺した白い紙が二枚貼り付けてある。ひとつは七歳か八歳ぐらい、もうひとつはまだまだ生まれたばかりの小さな手だった。「あんまりいたいけないので立ち止ってよく観ると、母の筆かとおぼしくその一枚に、

コノ手ノ子ドモハルス

もう一つの小さい方には、

コノ手ノコドモモルス

と片仮名字で書いてある。」（「王禅寺」）

柳田はこのあたりに、ジフテリアが流行りかけているためこんなことをするのだろうと想像した。ジフテリアはジフテリア菌によっておこる感染症で、かつては免疫力の弱い子どもに多く発症し、死亡原因の上位を占めていた。予防接種が普及した現在では珍しくなったものの、一九四五年（昭和二〇）の日本の患者数は約八万六〇〇〇人、そのうち約一〇分の一が死亡し

たという。しかし、柳田が見たまじないは、「この家にはジフテリアがうつるような子どもがいない」ということを示すはずなのに、わざわざ手形を掲げて「子どもが留守」だと書き添えたのでは、不在よりも在宅を明かしてしまっている。

手形を貼る風習は、虎退治で知られる加藤清正など、屈強なものの手形を門口に貼ることで、疫病が入ってくることを防ぐ目的があった。また「だれそれが留守」だという文言は、明治の半ばに大流行したインフルエンザの「お染《そめ》風邪」による。

このお染は、人形浄瑠璃や歌舞伎の「お染久松《ひさまつ》」の主人公のひとりで、風邪の名の由来は、激しい恋に落ちた状態を病への罹患と重ね合わせたとも、その感染力をお染がどこまでも久松を追いかけるさまになぞらえたともいわれている。このお染風邪の際、「久松は留守」、つまり「うちに久松はいないので、よそへ行ってください」というまじないが流行ったのだ。だから子どもの手形を貼り、その子が留守だというのは、二重の意味で間違っていたのである。けれども、ジフテリア禍の恐怖と不安に打ち勝とうとした、家族のささやかな抵抗を蔑ろにすることなどできるだろうか。

江戸時代には、疱瘡《ほうそう》、麻疹《ましん》、水疱瘡《みずぼうそう》は「お役三病」といわれ、この三つの病を無事に終えることが人々にとって切実な願いだった。疱瘡と麻疹は死亡率も高かったことから、流行にともなうさまざまな習俗が生み出された。

疱瘡（天然痘）はウィルスの飛沫や接触によって感染し、治癒しても痘痕を残したり、失明したりすることもあった。子どもが無事に成長するかどうかの切実な関門であり、痘疹の色が赤いのがよいとされた。そのためと、赤という色の呪力への期待もあり、衣類などを赤ずくめにするまじないがさかんにおこなわれた。赤い幔幕《まんまく》を部屋に張り、肌着は紅紬・紅木綿で作ったり、張子《はりこ》の達磨《だるま》や木菟《みみずく》、鯛車などを枕元に飾ったりもした。

疱瘡にかかった子どもを慰めるために用いられ、無事回復することを祈って飾られたのが「疱瘡絵」である。病気が軽くすむという縁起をかつぎ、お見舞いに軽焼せんべいを贈る風習があり、その菓子袋にも疱瘡絵を描いたものがみられる。「疱瘡の神とは誰か名付けん」という疱瘡絵（嘉永三年・一八五〇年）には、天然痘になって泣きじゃくる子どもを疱瘡神が連れ去ろうとするさまが描かれている。

麻疹は「はしか」とも呼ばれ、麻疹ウィルスの感染によって起こる急性熱性発疹性の感染症である。麻疹が流行したときには「はしか絵」が広まった。その多くは文久二年（一八六二）の大流行のときに刷られたもので、予防や心得、日常生活の摂生、病後の養生法などが書き添えてある。麻疹を軽くするまじないには、たとえば、節分の夜に門にさした柊の葉を煎じて、まだ麻疹にかかっていない子どもに飲ませると災いがおこらないとされた。また、炊いたご飯をお櫃《ひつ》へ移し、まだ温かい釜を患者へ三度かぶせると軽くなる、乳香《にゅうこう》、細辛《さいしん》、川芎《せんきゅう》などの薬草を粉にして、火に薫じて嗅ぐのがよいなどともいわれた。

疱瘡や麻疹にたいするまじないの効き目のほどはさだかではない。しかし、今回のコロナ禍のアマビエ・ブームなどをみるとき、なにかにこじつけ、なぞらえる民俗的な感情に大きな違いはないのではないか。

太平洋戦争中のジフテリア禍の手形に話を戻すと、柳田はこんな解釈を述べていた。

「呪文のききめというものはすでに言語の常の作用を超えて、単にこうしておけば必ずのがれるという信仰、もしくは世間では皆そうして免れたからという、一種の社会的背景に拠っているので、それを千金にも替えられぬわが子のためにするという切なる念願が、幾分か無思慮にこの昔風な手の型を、公表させることになったものかと思う。」（柳田同前）

「ウィズ・コロナ」などと言われはじめているが、感染症からの不安にたいして、私たちはしばらくのあいだ、まじない続けていくしかないのかもしれない。

「鯰絵」と「疱瘡絵」――発見された厄災芸術

近世の江戸では出版業が勃興し、錦絵や版画に対する民衆の関心も高かった。そして、繰り返し襲ってくる厄災の合間にも、厄災を題材にした出版物がもてはやされることになる。

自然災害にかんしては、一八五五年（安政二）に起こった安政大地震を契機に「鯰絵」が出回った。また疱瘡（天然痘）、麻疹（はしか）の流行にともなっては「疱瘡絵」や「はしか絵」が描かれた。

鯰絵や疱瘡絵は災害史や出版メディア史の範疇で扱われることが多く、その図像学や民俗学が深められずにきた。そしてじつは、この領域に踏み込んだ先駆者は、外国人研究者だった。

鯰絵研究に先鞭をつけたのはオランダ人のコルネリウス・アウエハントである。アウエハントの『鯰絵――民俗的想像力の世界』は、一九七九年（昭和五四）に小松和彦・中沢新一・飯島吉晴・古家信平による共訳でせりか書房から刊行され、二〇一三年（平成二五）には岩波文庫に入った。疱瘡絵研究のほうはフランス出身のハルトムート・オ・ローテルムンドである。ローテルムンドの『疱瘡神――江戸時代の病をめぐる民間信仰の研究』は、宮田登の解説を付して一九九五年（平成七）に岩波書店から刊行された。

「鯰絵」のアウエハントは、オランダ・ライデン大学で文化人類学を学んだ後、ライデン国立民族学博物館の館員となる。一九五六年（昭和三一）から五七年の最初の日本留学で、柳田国男の民俗学研究所で鯰絵を研究した。一九六五年から六六年の二回目の日本留学では妻・静子とともに八重山諸島の波照間島《はてるまじま》で氏子組織や親族組織の研究をおこなった。「疱瘡絵」のローテルムンドはフランスから来日し、東京教育大学で歴史学・民俗学者の和歌森太郎に師事して修験道について研究した。『疱瘡神』の巻末に付された宮田登の解説によると、ローテルムンドはその後、フランス国立高等研究院で日本宗教を講じたという。

アウエハントが取り組んだ鯰絵は、さまざまな出版物、浮世絵、民画を下敷きにしたり、当時の風俗流行をモチーフにしたりしたとみられるものが数多く残っている。鯰絵は後世の風刺画等にも大きな影響を与えたが、疱瘡絵・はしか絵もそのひとつだった。一八六二年（文久二）に江戸で麻疹が流行した際に描かれたはしか絵でも、一八五五年（安政二）に起こった安政江戸地震を主題にした鯰絵に構図を借りた作品がいくつも見受けられ、鯰絵における大鯰を麻疹の神に置き換えたものがある。

疱瘡絵をはじめとする疫病絵は病気にかからないように、あるいは病気にかかっても軽く済むようにという願いが込められたもので、疫病神を退治した英雄や豪傑、病を寄せつけないための身構えや心がけなどが、巧みに描き出されている。江戸の絵師たちは感染症の流行下に、どうすれば疫病除けを果たせるかという難問を題材に腕を振るった。そうして創作された疫病絵の数々は創意や工夫に富み、護符やお守りを超えた鑑賞品としての魅力を十分に備えているのだ。

『鯰絵』はその後、民俗学・人類学の領域に大きな刺激を与えてきた。いっぽう、ローテルムンドの『疱瘡神』の刊行以降、民俗学・人類学の領域で疫病絵の研究が活発化したとは言えない。また、近世絵画史の文脈でも、この豊饒な世界に光はあてられてはこなかった。いずれにしても『疱瘡神』が『鯰絵』ほど、よく知られていないのはなぜだろうか。

鯰絵がたびたび言及される機会を得たのは、「阪神・淡路」や「東日本」などの大震災が日本列島を襲ってきたからにほかならない。大震災が起こるたび、近世の民衆は危機的状況下をどのように過ごし、何を支えに復興へと歩み出したかを、過去に遡って学ぼうとしたのである。大震災にたいして今回のコロナ禍は、近年にはなかった事態である。このため、危機に瀕して生み出された貴重な文化である、疱瘡絵やはしか絵は埋もれてしまっていたのだろう。未曾有の厄災がきっかけであったとしても、疫病絵が持つ機知とユーモア、独特の信仰世界は見直されてしかるべきである。

祭りのない夏――〝死者の声〟は反映されているのか

軒並み中止に追い込まれた夏祭り

未曾有のコロナ禍により、「密」を避けることができない日本の祭りの数々が、開催中止に追い込まれている。日本列島に暮らす人々がさまざまな願いを込め、切実な祈りの場としてきた祭りがおこなわれないというのだ。レジャー産業情報誌の調査によると、全国の集客上位の三〇の祭りのうち、毎年五～九月に開催される二四の祭りが中止を発表。残る六つも延期が三、神事のみが二、オンライン開催一というように、「例年通り」はひとつもなかったという（「産経新聞」二〇二〇年六月二二日付）。

〝東北三大祭り〟と呼ばれる「青森ねぶた祭」「秋田竿燈まつり」「仙台七夕まつり」もすべて中止が発表された。青森ねぶた祭の中止は終戦直後に大型ねぶたが市街地を練り歩く現在の形式になってから初めて、竿燈まつりは戦時中以来で戦後初、仙台七夕まつりも終戦の翌年一九四六年（昭和二一）に復活して以来のことである。感染者ゼロの岩手県でも「盛岡さんさ踊り」

が中止になった。

〝日本三大祭り〟のひとつで、山鉾行事がユネスコの無形文化遺産に登録されている京都の「祇園祭」は、山鉾巡行と神輿渡御の中止を決定。京都のお盆の伝統行事「五山送り火（大文字の送り火）」は、大幅に規模を縮小しておこなわれることになった。送り火のうち、「大文字」の中心部と頂点、端の計六か所だけに点火、「鳥居形」は例年松明を一〇八か所に設置するところが、今年は上部の二か所だけに設ける。京都五山送り火連合会は「御精霊様《おしようらいさま》を送るために点火はするが、できる限り外での見物は控えていただき、自宅で手を合わせていただければ」としている（「京都新聞」六月二七日付）。

大阪の夏の風物詩「天神祭」は、大阪天満宮本殿での神事を神職のみで営み、大川を約一〇〇隻の船が行き交う「船渡御《ふなとぎよ》」などは中止する。「博多祇園山笠」は、今年度は延期とし、来年度への持ち越しとしている。

コロナ禍の影響は花火大会も直撃している。花火の生産者らで組織する日本煙火協会によると、例年は全国二〇〇か所以上でおこなわれているが、約八割の中止が決定している（六月二一日時点）。今年の夏は、もともと東京五輪の開催時期と重なっていたため取り止める花火大会が多かったが、隅田川花火大会のように時期をずらして開催を予定していた花火大会も、結局は中止に追い込まれたのである。

「疫病」と「祭り」

日本の人々がこれまで続けてきた祭りのほとんどは、祖霊を供養するためと、疫病除去の祈願のためだったといっても言い過ぎではない。

平安時代には疫病が流行した際、この災いは無実の罪を着せられ亡くなった御霊によるものと考えられていた。疫災にたいして、人々は御霊を鎮め厄災を祓うための仏事をおこない、また歌舞や騎射、相撲、走馬などを催した。

こうした御霊会のしきたりは畿内から諸国に広がった。貞観五年（八六三）の春、咳逆病《しわぶきやみ》が流行って人々が多くたおれ、朝廷は「神泉苑《しんせんえん》」（京都市中京区）で国家的な「御霊会《ごりようえ》」を初めて開いた。神泉苑には早良親王、伊予親王など六柱の御霊の霊座が設けられ、経典の演述や、雅楽の演奏、稚児の舞などが奉納された。その後も富士山の噴火や貞観大地震などの大災害が襲ったため、貞観一一年六月一四日に、当時の国の数である六六本の鉾を造り、祇園社《ぎおんしや》（現・八坂神社）から神泉苑に神輿を送る「祇園御霊会」を催し、厄災の除去を祈った。この祇園御霊会が「祇園祭」の起源とされている。なお神泉苑における御霊会の発端となった咳逆病は、現代のインフルエンザだった可能性が高い。

天神祭は、天暦五年（九五一）に大阪天満宮の前の大川から神鉾を流し、漂着した場所に祭場を設けて疫病退散を祈った「鉾流」の神事が起源といわれている。博多祇園山笠は、仁治二年（一二四一）に博多で疫病が流行したとき、承天寺の開祖・聖一国師が、祈祷水をまきながら町を清めて回り、疫病退散を祈願したことが発祥だという説がある。

このように祇園祭も天神祭りも祭りの起源に疫病や災害の除去、その死者に対する供養という目的があった。そうした祭りが、感染症の拡大で中止を余儀なくされることをどのように受け止めればよいのだろうか。隅田川花火大会の前身である両国花火も、享保一七年（一七三二）のコレラの大流行と結びつけて、慰霊や悪疫退散のため花火が打ち上げられるようになったと説明されることがある。しかし、この逸話は近代になってから形成されたもので、近世に由来するものではないようである。

ただ戦争や災害犠牲者の鎮魂の思いを花火に込めた花火大会もある。新潟県の長岡まつり大花火大会は、その原型は明治に遡るが、昭和二〇年（一九四五）八月一日に起こった長岡空襲の犠牲者の慰霊と鎮魂、また平成一六年（二〇〇四）一〇月二三日に発生した新潟県中越地震からの復興の願いが込められている。例年は八月の第一週に開催されるが、この花火大会も中止が決定している。

祖先祭祀の古い姿を残す盆踊り

夏に祭りが多いのは、祖霊が帰ってくるお盆の時期だからである。そんな盆行事としての夏祭りの中止のなかで、各地の盆踊りもコロナ禍の影響を被っている。

日本の民俗学の創始者である柳田国男が「祖先祭祀の古い姿を残す」と評価した長野県下伊那郡阿南町の「新野の盆踊り」（重要無形民俗文化財）も中止されることになった。例年八月一四日から一六日、住民たちが櫓を囲んで夜通し踊り、最後の夜明けには新盆の切子灯籠を送る「踊り神送り」がおこなわれる。この神送りこそ、「祖先祭祀の古い姿」そのものなのだが、五〇〇年近い祭りの歴史で初めて中止の決断が下された（「信濃毎日新聞」六月二七日付）。

新野高原盆踊りの会の会長は「戦時中でも縮小はしてもやめなかった。中止はいかがなものかと思っていた」と言い、ぎりぎりまで開催の可能性を探った。厳しい状況のなか、会長は精霊を送る「神送り」だけは途絶えさせられないと考えもしたが、六月二四日の世話人会では、みんな押し黙ったまま静かに方針は決まった。苦渋の判断で、「悲しくて寂しい。気持ちをぶつけるところもない」けれど、「初めての中止で、毎年踊れることの幸せを痛感できた」と会長は述べる。

笛や太鼓といった鳴り物を使わず、新盆の御霊《みたま》が見守るなかで踊られる新野の盆踊りは、日本の祭りが死者とともにあることをひしひしと実感させてくれる。盆踊りのない新野の夏は、日本の夏を象徴した非常事態なのである。

死者の許しは得たのか

相次ぐ中止によって、祭りは日本の夏に欠くことのできない存在であることが、かえって意識されることになった。そして夏は死者と向き合う季節であるということも。そこであらためて思うのは、営々と受け継がれてきた日本の夏祭りは、死者によって受け継がれてきたということである。

東京都中央区佃《つくだ》にある住吉神社の例大祭「佃祭」では、三年ごとの本祭りの際、獅子頭の宮出しや八角神輿の宮出し、神輿を船に乗せて氏子地域を巡る船渡御がおこなわれる。住吉神社で御祓いを受けた氏子たちは、三対の獅子に先導されて御旅所まで神輿を担ぐのだが、この三年のあいだに亡くなった人たちの遺影が獅子たちに加わる。死者もまた祭りの重要な担い手なのだ。

瀬戸内海に浮かぶ島のなかには、盆踊りの際、新盆を迎えた故人の位牌と遺影を入れた「ハコ」を背負って踊る風習がみられる。こうした祭りを考えたとき、各地の祭りで中止の判断を下すにあたって、「死者」の意向は反映されているのか、という疑問が頭をよぎる。たとえば各地の盆踊りで、この夏は、亡魂だけが踊るようなことがあるかもしれない。

死者を参加させるための具体的な解決策を持っているわけではないけれど、こんな夏だからこそなおさらに、日本人と祭りの関係を考えてみたいものである。

4　災害伝承を旅する

下地島の通り池（沖縄県宮古島市）

下地島の「ヨナタマ」——津波

日本列島は、複雑な海岸線と、急峻な山陵を多くの河川が流れ落ちる特徴的な地形から、さまざまな災害に繰り返し襲われてきた。災害は歴史資料に記録されているものの、実際に襲われた人々の経験がそこに反映されているとはかぎらない。ではいったい、彼らの災害の記憶はどこにいってしまったのだろうか。人々は過酷な体験を寓話化したり、抽象化したりしたうえで民俗的記憶として伝承してきた。これからそんな、列島の各地に残る災害伝承の舞台を旅していきたいと思う。

＊

沖縄県先島諸島、宮古島西方の伊良部島《いらぶ》に隣接して下地島《しもじ》がある。低平で楕円形をした小さな島の西側には海岸段丘が発達し、複雑な海岸線沿いの「通り池」には大津波をめぐる伝承が残されている。通り池は大小二つの円形の池からなり、絶壁に囲まれた静かな水面を湛える。そしてこの池は、海霊《かいれい》の化身である「ヨナタマ」を釣りあげたため、その罰として起こった津波に見舞われた漁師の屋敷跡だと言い伝えられているのだ。

ヨナタマをめぐる災害伝承は沖縄諸島の各地にある。この島々では「シガリナミ」と呼ばれる大津波の記憶が強いことから、その被災の記憶と強く結びついている。なかでもよく知られているのが、柳田国男が『一目小僧その他』（一九三四年）に収録した「物言ふ魚」（一九三二年）をめぐる災害伝承である。柳田はこの論考で列島各地に残る、魚が人語を話したという奇瑞《きずい》を紹介しているが、このうち『宮古島旧史』に記録された話が、下地島を舞台にしたものだ。

昔、伊良部島の下地村の男が、人面魚体の「ヨナタマ」という魚を釣りあげた。漁師はあまりに珍しいものだから翌日みんなに見せようと思い、炭をおこして魚を炙って乾かしていた。その夜遅く、漁師の隣の家に母親と泊まっていた子どもが、「伊良部村へ帰りたい」と大声で急に泣き出した。母親が「夜中だから」となだめすかしても泣きやまないので、仕方なく子どもを抱いて外に出ると、子は強く抱きついてわななきふるえる。母親が怪しく思っていると遠い沖のほうから、「ヨナタマ、ヨナタマ、どうして帰りが遅いのか」という声が聞こえてきた。

するとヨナタマが、「いま炭火の上にのせられて、半夜も炙り乾かされている。早く迎えをよこしてくれ」と答えるのだった。

これを聞いた母子は恐ろしくなり、急いで伊良部村に帰った。翌朝、下地村へ戻ってみると、村中残らず大津波にのまれ、跡形もなく洗いつくされていたという――。

この伝説の大津波は、明和八年（一七七一）におこった八重山地震による、「明和の大津波」ではないかといわれている。しかし、これと同じ内容の伝説が明和の大津波以前に書かれた史料にも記載され、また先島諸島には明和の大津波以前にも繰り返し津波が襲来していることから、この伝説はそれらの津波に由来するものだとも考えられる。

下地島の海辺には、津波によって打ち上げられた「津波石」のひとつで、人が帯を締めているように見えることから「帯岩《おびいわ》」と呼ばれる災害遺跡もある。高さ約一二・五メートル、周囲約五九・九メートルで、重量は二五〇〇トンとも二万トンともいわれる。八重山諸島には、一二〇〇年頃、一四六〇〜七〇年頃、一六二五年の津波で移動したと考えられる津波石が数多くある。明和の大津波における下地島の津波の遡上高は一二・三メートルで、帯岩も明和の大津波で打ち上げられたという説と、それ以前の津波によるという説がある。

ところで津波を呼び寄せたとみられるヨナタマは、宮古島では「人魚」、あるいは「ジュゴン」のことで、それにふれると不漁になるとされ、また二人いるとき一人はそれを魚と見、一人は人間の姿として見るという。

魚にしても、人間にしても、また人魚にしても、津波を予告するとは思えないが、先島諸島の海霊の化身は、自然にたいする畏敬を忘れないようにと、いまも私たちに訴えかけているのかもしれない。

風三郎神社（長野県中川村）

甲州・信州の「風三郎」——風害

宮澤賢治の童話「風の又三郎」が、風の神に防風を祈願する日本列島の民間信仰に由来することは、どれほど知られているだろうか。「風の又三郎」の原型とみられる「風野又三郎」には、じつはこんな記述がみられるのである。

「昨日は二百十日だい。本当なら兄さんたちと一緒にずうっと北の方へ行ってるんだ。」「甲州ではじめた時なんかね。はじめ僕が八ケ岳の麓の野原でやすんでたろう。」「僕はもうまるで、汽車よりも早くなっていた。下に富士川の白い帯を見てかけて行った。」

日本列島の各地に、「二百十日」の風水害から農作物を守り、五穀豊穣を願う信仰の現れとして「風の三郎伝説」が受け継がれている。なかでも信州・甲州の八ヶ岳山麓では、山から吹き下ろしてくる八ヶ岳颪《おろし》を「三郎風」と呼んで、畏れてきたのだった。

岩手県に生まれ、八ヶ岳山麓を訪れたことがないはずの賢治の童話に、「八ヶ岳」や「富士川」の名前が出てくるのはなぜなのか。その理由は、盛岡高等農林学校（現・岩手大学農学部）の寮で同室だった、山梨県韮崎出身の保阪嘉内《かない》から聞いた、「三郎風」の話に着想を得たのではないかといわれている。

『甲斐国史』（一八一四年）や『甲斐叢記』（一八五一年）には、八ヶ岳の峰のひとつに「風の三郎ヶ岳」、あるいは「風三郎岳」の名が記され、そこから吹く季節風が「三郎風」の由来だと考えられる。現在では、風三郎岳がどの山なのかさだかではないものの、八ヶ岳を望む山梨県北杜市高根町清里には、暴風雨除けの「風の三郎社」の小祠がひっそりとたたずんでいる。このあたりでは、風除けのために風の三郎社、雨乞いのために八ヶ岳権現社、晴天を祈願するために日吉神社に詣でる「三社参り」がおこなわれてきた。人智が及ばない気象にたいし、八ヶ岳山麓の村人たちは切実な祈願を神に向けてきたのだろう。

八ヶ岳から離れた長野県上伊那郡中川村にも「風三郎《かぜのさぶろう》神社」が鎮座する。祭神は古代神話の級長津彦命《しなつひこのみこと》と級長戸辺命《しながとべのみこと》で、この二柱の神は、風災を免れて豊作になるように守るとして各地に祀られている。

中川村の風三郎神社の伝承によると、允恭《いんぎょう》天皇の時代に、嵐が五日間も続いたので、大御《おおみ》食《け》社の神に祈ったところ「大草里黒牛に坐《いま》す風の神の祟りである。この神を祀れば穏やかになるだろう」と託宣があった。そこで、供物を捧げ、称え言を申したところ、七日目の次の日に嵐はおさまった。また別の言い伝えでは、風の神は黒い牛に乗ってやってきて、「風穴」に籠った。この神は獅子を嫌うため、古来、神楽の獅子や越後獅子がお宮の入り口の坂から奥には登ったことがない。もしこの坂から上に登れば、風の神が暴風を起こすといわれているからである。また、「風穴」は諏訪や木曽にもあるものの、この風の神ほど霊威が強く、神威を現すところはないという。

かつて「風祭」の日には、青竹に幣や麻をしつらえて神前に供え、神官が祝詞《のりと》を奏上したあと、青竹を持った若者が境内の杉の木の上に登った。そして、その青竹を西のほうに投げ、もし川を越せば豊年になるといわれた。

神社の本殿から数百メートル東北の山腹にうがたれた岩洞の中に、風三郎神社の「奥宮」として祀られる風穴がある。近代になってからも風の神の霊威は衰えることがなかったらしく、明治五年（一八七二）に人が風穴に入り、神を粗末に扱ったため大暴風になったことがあるという。

八ヶ岳山麓の風の三郎社に話を戻すと、このあたりでは、伝承や信仰ばかりでなく実際的な防災、減災のための工夫もなされてきた。「風切り」と呼ばれる松林を植えることにより、激しい八ヶ岳颪から集落を守ってきたのである。この風切りの松は、一本でも切れば一族郎党が打ち首になったといわれるが、太平洋戦争の末期には、松の根から採れる「松根油」を戦闘機の燃料にしようというので、その大木が何本も伐採された。しかしいまでも松並木は生き残り、防災・減災を兼ねた美しい文化的景観となっているのである。

木曽川（愛知県犬山市付近）

木曽川の「やろか水」——洪水

村々を襲い、家々を流し去る洪水を人々は怪異現象として物語り、記憶してきた。こうした水害にまつわる伝承は、日本列島の隅々にまで及び、東北の北上川流域では「白髪《しらが》水《みず》」「白髭水《しらひげみず》」などと呼んで語り伝えてきている。

大洪水に先立ち、白髪や白髭の老人が現れて河川の氾濫を予告した、大水の出端に、白い毛を長く垂らした神様が水の上を下ってくる姿を見たなどというふうに、その出現のようすが言い伝えられている。ふだんは穏やかな川面が荒々しく変貌し、白い波濤を立てて河岸を襲うようすを表しているのだろう。また、白髪の異人に無礼をした祟りであるともいい、祟りを恐れて水辺で祭りをした名残であるともみられている。

濃尾平野を流れる木曽川と長良《ながら》川と揖斐《いび》川の、いわゆる「木曽三川」の流域一帯をたびたび襲った「やろか水」も、洪水を予告した怪異伝承のひとつである。

柳田国男は『妖怪談義』（一九五六年）の序文で、「大雨の降り続いていた頃の真夜中に、対岸の何とか淵のあたりから、しきりに「遣《や》ろうか遣ろうか」という声がする。土地の者は一同に気味悪がって黙っていたのに、たった一人が何と思ったか、「いこさばいこせ」と返事をしたところが、流れは急に増して来て、見る間に一帯の低地を海にした」とこの現象を描写している。前線の影響か、台風によるものか、数日に及んだ雨の夜、土石をともなう大水が川の上流から襲ってくる。しかし、住民は危険と思わず、避難することもなかった。すると瞬く間もなく川の水は堤防を越えて、村を流失させてしまった……。「やろか水」は、こうした大水害の記憶を伝承化したものであろう。

「やろか水」の歴史的事例としては、慶安三年（一六五〇）九月、尾張国（愛知県）と美濃国（岐阜県）で発生した大洪水や、貞享四年（一六八七）八月に起こった氾濫などがある。また明治六年（一八七三）に入鹿《いるか》池（愛知県犬山市）の堤が切れたときも、「やろうか、やろうか」という声が聞こえたといわれている。慶安三年に発生した大洪水では、大垣藩とその周辺での死者は三〇〇〇人以上に及んだ。木曽川沿いの尾張国丹羽郡上般若村が完全に流出し、村民は全滅に近い被害を出したといわれている。上般若村は現在の愛知県江南市の一部で、現在も中般若町(旧・中般若村)、般若町(旧・下般若村)は現存するが、上般若という地名はない。

木曽川から南に離れた愛知県江南市には、やろか水で流れてきたと伝承される仏像が何体も残っている。

道音寺(五明町)境内の観音堂には、約六〇〇年前のやろか水の際、この地に流れ着いたとされる伝・定朝作の木造聖観音菩薩立像が祀られている。地蔵山公園(布袋《ほてい》町北)の弘法堂にも六〇〇年以上前のやろか水で流れ着いた地蔵菩薩立像が安置され、本町通りを入った路地に立つ馬頭観音立像(布袋町中)は、六〇〇年前に起こった洪水で流された観音様が夢枕に立ち助けを求め、ここに祀られたという。いずれの伝承も共通して「六〇〇年」という歴史を伝えているが、中世に発生したやろか水被害とその記憶を継承するものだろう。

やろか水じたいを「神」に祀る神社が、愛知県北端の犬山市にある。国宝・犬山城の南西、木曽川沿いに鎮座する吉野神社(犬山市犬山西古券《にしこけん》)では、「やろか大神」を祭神の一柱にしているのだ。やろか大神は、貞享四年の大洪水の際、木曽川の上流から流れてきた光るものを拾い上げると、童子の姿をして大蛇を踏み、剣を持つ木像だった、その後雨乞いに霊験があるとして社を建ててその木像を大神として祀ったのだといわれている。

木曽川の流域では、水害から人命や家屋を守るため、防災・減災を企図した土木構造物が設けられてきた。そのひとつに、洪水の水勢をそぎ、堤より川方にある民家や畑を守るため堤から斜めに築堤した「猿尾堤《さるおづつみ》」がある。慶安三年の大洪水の際、頑丈な堤防が決壊したのに、弱いはずの堤防が決壊しなかった。弱い堤防の近くには、川原が小高くなり「猿の尾」のように川に飛び出ているところがあったことから、それを真似て築造されるようになったのが猿尾堤の始まりだという。

堤防の〝弱さ〟を生かした猿尾堤は、昭和におこなわれた近代的な治水工事でその多くが失われてしまったが、一部は現在でも機能しているそうである。

鎌原観音堂（群馬県吾妻郡嬬恋村）

「浅間焼け」と観音堂の石段 ——噴火

古来、活発な火山として知られる浅間山は、長野と群馬の県境に聳える三重式成層火山で標高二五六八メートル、深田久弥が選んだ「日本百名山」のひとつに数えられる。有史以来数十回もの噴火を繰り返し、しばしば火山災害を引き起こしてきた。「あさま」は火山を示す古語とされ、この山も古くから山岳信仰の対象であり、山麓には「浅間大明神」に対する信仰圏が広がっていた。

浅間山噴火の歴史のなかで最も大規模なものは、天明三年（一七八三）に起こった「天明の浅間焼け」である。

この年の四月から断続的に続いていた噴火活動は、六月末に激しさを増し、七月六日、七日の大噴火ののち、八日の午前一〇時ごろ最大規模の噴火を起こした。浅間山は大量の溶岩と火山灰を噴出し、噴煙は偏西風に流され、風下の村里には軽石や火山灰が激しく降下した。

この噴火による溶岩流は火砕流となり、北側の吾妻川流域に向かって山腹を流下。中央を流下した最大の火砕流は「鎌原《かんばら》火砕流」と呼ばれ、その流下量は一億平方メートルに及んだと推定されている。鎌原村（現・群馬県吾妻郡嬬恋《つまごい》村鎌原）はこの火砕流の直撃を受けて四七七名が死亡、このほか長野原で二一〇名、川島で一二八名、南牧で一〇四名という多くの犠牲者を出した。

天明の大噴火は大量の火山灰を広範囲に堆積させ、噴火直後に吾妻川では水害が発生、三年後の天明六年には利根川流域全体に洪水を引き起こすなど二次災害、三次被害を引き起こした。関東一円に堆積した火山灰はさらに、農作物の生育にも影響を及ぼし、すでに始まっていた天明の大飢饉に拍車をかけることとなる。

鎌原村での生存者の多くは、高台に建つ「鎌原観音堂」に避難したものたちだった。十一面観音を本尊に祀るこの観音堂の石段は、岩屑《がんせつ》なだれで埋もれて、現在は一五段を残すだけになっている。しかし、村の伝承ではこの石段の段数は、噴火以前には一二〇段から一五〇段はあったといわれていた。では実際に、助かった村人たちは何段の石段を昇りきったのだろう。

昭和五四年（一九七九）に鎌原観音堂周辺の発掘調査がおこなわれ、もとの石段は五〇段で、岩屑なだれは三五段分もの高さ（約六・五メートル）に達するものだったことが判明した。また、埋没した石段の下部で、若い女性が年配の女性を背負うような形で遺体が発見された。遺体の顔を復元したところ似た顔立ちであることなどから、二人は娘と母親、あるいは姉妹などではなかったかと想像されている。

鎌原村の生存者は九三人にとどまり、村役人では名主・組頭が流死し、百姓代一人が残っただけだった。家屋は残らず倒壊し、荒廃地は村の耕地の九五パーセント以上に及んだ。大噴火で甚大な被害を受けた鎌原村の復興作業は、家屋の再建、家族の再構成、荒れ地の再開発と再配分など多方面にわたって進められることとなった。

災害で生き残った鎌原村の村人たちは、畑や家屋、そして家族までを失ったため、離散する運命にあったが、大笹村の名主・黒岩長左衛門、干俣村の干川小兵衛、大戸村の加部安左衛門らが支援の手を差し伸べた。黒岩らが策定した復興計画は、生存者の少なさから、鎌原以外の村から移住者を募って、一五年かけてすべての荒れ地を再開発するというものだった。家族を組み替えるため、家柄や身分の差を取り払い、生存者たちに親族の誓いをさせて村存亡の窮地を乗り切ったのである。

現在、観音堂に隣接して、天明の噴火被害とそこからの復興をテーマにした「嬬恋郷土資料館」がある。そして、鎌原の村里を歩いてみると、災禍を感じさせないのどかな風景が広がっているのであった。

蛇崩川（東京都目黒区）

目黒の「蛇崩」
――土砂崩れ

東京都目黒区上目黒四丁目の野沢通りに「蛇崩《じゃくずれ》」という地名表記が掲げられた交差点がある。「蛇崩」は明治二二年（一八八九）から昭和七年（一九三二）まで、目黒村大字上目黒の字《あざ》名として存在した。しかし目黒区の区制施行とともに上目黒四丁目の一部となり、行政上の地名としては姿を消してしまっている。

江戸時代後期の地誌『新編武蔵風土記稿』によると、「蛇崩」は、昔、大水の際、崩れた崖から大蛇が出たことから、この地名が生まれたとされている。また土堤崩れをいう古語「砂崩《さくずれ》」が「じゃくずれ」に転訛《てんか》し、近くを流れる川の蛇行屈曲のようすから、「蛇崩」の文字が当てられたのではないかともいう。

この「蛇崩川」は目黒川水系の支流で、世田谷区弦巻《つるまき》五丁目の馬事公苑あたりを水源に、上馬、三軒茶屋、下馬を経て、東急東横線・東京メトロ日比谷線の中目黒駅付近で目黒川に合流する。昭和五〇年代には、支流も含めてほぼ全域が暗渠《あんきょ》化され、開渠になっているのは全長五・二キロメートルのうち上馬目黒川合流部の数メートルのみとなり、暗渠部分のほとんどは緑道として整備されている。

群馬県富岡市にも「蛇崩」と呼ばれる地名があったとされる。昔、下高瀬集落のいちばん東にある山が崩れ、これを蛇が崩したものとして「蛇崩」と呼んだ。この蛇崩は集落をのみ込み、ほとんどの家を潰した。住人たちは、危険とみてほかの土地に移り、残った家は三軒だけだった。ある人が、山崩れが起こったところへ行ってみると大きな蛇がいた。その人は家へ帰ってから病気になり、まもなくして亡くなったという（『富岡市史 民俗編』）。

愛知県名古屋市天白《てんぱく》区にも「蛇崩」と表記する地名があり、「じゃほう」と呼んでいる。この地区は『天白区の歴史』に、「蛇が多くおって、土砂を取るために崖を崩すと、蛇が群がって落ちてくる」と記されているように、やはり土砂崩れの記憶を暗示する地名だったようである。長野県は災害に関わる地名のうち、「地すべりの状態を表したもの」として、大崩・崩田・崩沢・白崩・崩畑・蛇崩・津江抜間・ヌケ・のけ・抜田・青抜・抜崩・蛇抜などを列挙し、「蛇がつくのは緩慢な動き」の意味だとする（建設部砂防課）。

木曽地方では、「蛇抜《じゃぬけ》」は土石流を意味し、長野県木曽郡南木曽《なぎそ》町のJR中央線南木曽駅近く、木曽川右岸の天白公園の道路沿いには「蛇ぬけの碑」が建つ。この碑は、昭和二八年（一九五三）に伊勢小屋沢の蛇抜で亡くなった三人の霊を慰め、またこの災害で得られた教訓を後世に伝えることを願って建立されたものだが、南木曽町では昭和四一年（一九六六）六月二四日にも集中豪雨による蛇抜が発生し、梨子沢《なしざわ》と南側の大沢田川に土石流が流下して六人が犠牲になっている。

さらに平成に入って、またしても土石流災害が起こった。平成二六年（二〇一四）七月九日の午後五時四〇分頃、南木曽町読書《よみかき》の梨子沢で猛烈な降雨による大規模な土石流が発生、土石流は梨子沢を襲い、住宅五棟が全壊、九棟が半壊や一部が損壊し一人が死亡した。

巨岩でできた「蛇ぬけの碑」には次のように記されている。「白い雨が降るとぬける／尾先 谷口 宮の前／雨に風が加わると危い／長雨後、谷の水が急に／止ったらぬける／蛇ぬけの水は黒い／蛇ぬけの前にはきな臭い匂いがする」。碑文のなかの「尾先」は、山裾で一段高く突き出しているところで、俚言《りげん》に「尾先、谷口、宮の前」とあり、こうした土地に住家を建てるのを避けるように訓《おし》えてきたことを示している。

日本列島の各地で蛇がのたうち、蛇が抜けて、土砂崩れや土石流災害を起こしてきた。蛇の痕跡は都心でも山間部でもみられ、いまでもいつ甦ってくるかしれないのだ。

将軍塚（京都市東山区）

京都の「将軍塚」――地震・鳴動

京都東山、標高約二〇〇メートルの華頂山《かちょうざん》の山頂、天台宗の門跡寺院・青蓮院の飛び地境内にこんもりとした塚がある。この塚は「将軍塚」といい、平安京の安泰を祈って築かれたものだが、国家に障《さわ》りがあるときは必ず鳴動するといわれている。

平城京から長岡京に遷都した桓武天皇だったが、新しい都では事変が続いた。そんな折り華頂山に登った桓武は、和気清麻呂《わけのきよまろ》から眼下に広がる盆地こそが都にふさわしい、と進言を受けた。桓武はそれに従い、延暦一三年（七九四）平安京に都を遷したのだった。天皇は新しい王城を鎮護するため、高さ八尺（約二・五メートル）、甲冑をつけ、太刀を佩《は》いた将軍姿の土人形を、華頂山の山頂に塚を築いて埋めさせたのである。

将軍塚鳴動の記録は古く、平清盛が京都を制圧し、後白河の院政を停止させた治承三年（一一七九）の七月には三度続けて鳴動したという。平家が滅亡した文治元年（一一八五）にも、将軍塚は鼓のような音を立てて鳴った。この鳴動は「文治地震（元暦地震）」にともなうものだと考えられる。この地震は壇ノ浦の戦いの約四か月後に発生した推定マグニチュード七・四の大地震で、白河あたりの被害がとくにひどかった。『平家物語』にも記述があり、平家が寄進した大寺院はことごとく倒壊し、人々は世の無常を嘆いたという。日野の外山に方丈の庵を結んでいた鴨長明も、『方丈記』のなかで震災のようすを描いている。

「元暦二年のころ、おほなゐふること侍りき。そのさまよのつねならず。山くづれて川を埋み、海かたぶきて陸をひたせり。土さけて水わきあがり、いはほわれて谷にまろび入り、なぎさこぐふねは浪にたゞよひ、道ゆく駒は足のたちどをまどはせり。」

白河の法勝寺《ほっしょうじ》は金堂、回廊、鐘楼、阿弥陀堂や九重塔などが破損した。琵琶湖の湖水が北流して湖岸が干上がり、宇治橋が落下して渡っていた十余人が川に落ち一人が溺死した。また民家の倒壊も数多かった。大規模な余震が一日に二〇～三〇回もあり、一〇日ほど経ってようやく減り出したが、収まるまで三か月ほどかかった。

明応二年（一四九三）にも将軍塚が鳴動したといい、この年には管領細川政元が将軍足利義材《よしき》（後の義稙《よしたね》）を廃位し、義材の叔父の子である足利義遐《よしとお》（後の義澄《よしずみ》）を擁立する政変（明応の政変）が起こった。将軍塚のほかにも、春日大社、石清水《いわしみず》八幡宮、深草《ふかくさ》陵、醍醐《だいご》陵、吉田神社、多武峰《とうのみね》などにも鳴動の記録があり、明応七年（一四九八）八月二五日の「明応地震」の前には各地で鳴動が起こったとされる。

慶長九年一二月一六日（一六〇五年二月三日）には南海トラフ地震ともみられる「慶長地震」があり、この大地震の直前にも将軍塚は鳴動したようである。慶長一九年には一〇月中に四度の鳴動の記録があり、一〇月二五日には越後から四国まで及ぶ大地震があった。享保一五年（一七三〇）の四月頃、毎夜二度ほど、将軍塚が鳴動するという風説が広まった。鴨川あたりに住んでいたものの話では、まるで家を揺すっているようだったという。

天明六年（一七八六）の四月から五月頃にかけても将軍塚が鳴動を続けた。七月一八日には京都から大坂にかけて大きく揺れ、大山崎では山崩れがあった。同じ年の九月六日の夜丑の二刻（午前一時半から二時頃）にも鼓のような音が聞こえた。人々はのちに、これは天明八年の大火の前兆だったのではないかと噂した。寛政七年（一七九五）八月二四日の日暮れ前から、京都の東の方角がしばしば鳴った。大きな鼓を鳴らすような音だったが、暁になって鳴りやんだという。

将軍塚の鳴動は事変の先触れであったり、大地震の前震や本震そのものだったりさまざまな場合があり、その実態を科学的に解明できるものではない。いずれにしても事変と天変にともない鳴動し続けた将軍塚だが、一九世紀以降になると、鳴動の記録が極端に少なくなる。近代人のからだと耳は、鳴動を感じにくくなったのだろうか。

いま将軍塚のある華頂山の山頂に立つと、近代化された京都の街並みを見下ろすことができる。その光景は、かつての平安京とは様変わりしているが、伝承によって受け継がれてきた天変地異に耳を澄ませる心は、二一世紀の今日でも失ってはいけないと思うものである。

大神神社末社天皇社（奈良県桜井市）

古代ヤマトの「流行病」——疫病

古代の日本では流行病のことを「疾疫《しつえき》」や「役病《えやみ》」というふうに記載している。『日本書紀』には「国内疾疫一多く」、『古事記』には「役病多く起こり」と記され、病気が流行して多くの人が亡くなるような事態があったことがわかる。

『日本書紀』によると、崇神《すじん》天皇の五年、「国内に疾疫多くして、民死亡《まか》れる者有りて、且大半《なかばにす》ぎなむとす」といい、民衆が半減するほどの惨事が起こった。この疾疫の原因は、宮中に天照大神《あまてらすおおみかみ》と倭大国魂神《やまとのおおくにたまのかみ》を並べて祀っていたためだとみなされ、二神を宮中の外に出すことにした。そして、天照大神は豊鍬入姫《とよすきいりひめ》命に託し笠縫邑《かさぬいむら》に祀らせ、倭大国魂神は渟名《ぬな》城入媛《きいりひめ》命に託して長岡岬に祀らせた。しかし、渟名城入媛は体が痩せ細り、倭大国魂神を祀ることができなかった。

崇神天皇の七年、天皇の夜の夢に一人の貴人が現れ、自ら大物主神《おおものぬしのかみ》と称して、「我が子の大《おお》田田根子《たたねこ》命を我を祀る祭主とし、倭国造・市磯長尾市《いちしのながおち》を倭大国魂神を祀る祭主とすれば天下は平らぐ」と託宣した。大田田根子が探し出されて大物主神を祀る神主となり、市磯長尾市も倭大国魂神を祀る神主となった。すると疫病は終息して五穀豊穣となった。大田田根子が探し出されて大物主神を祀る神主となったというのは、三輪山を御神体とする「大神《おおみわ》神社」（奈良県桜井市）の始まりを示す出来事だとみられる。

欽明天皇の一三年（五五二）、書紀によると百済《くだら》の聖王（聖明王）から献上された仏像を蘇我《そがの》稲目《いなめ》が小墾田《おはりだ》の家に安置し、そこを寺院にしたところ疫病が流行した。物部尾輿《もののべのおこし》と中臣鎌子《なかとみのかまこ》は、疫病の原因は外国の「神」を祀ったことにたいする日本の神の怒りだとし、仏殿を焼き払い、仏像を難波の堀江に捨てた。同様の事態は敏達天皇の一四年（五八五）にもあり、稲目の子である蘇我馬子と、尾輿の子である物部守屋、中臣勝海のあいだでも起こった。馬子は寺院を建立し、仏像を祀っていたが、疫病が流行したため、守屋は馬子の建てた寺に火をつけ、仏像を流し捨てた。いずれの場合も、排仏派の豪族は外国の神を信仰しようとしたため、病気が蔓延したと捉えたのである。しかしその後、馬子が守屋を討ち滅ぼし、寺院の建立がさかんにおこなわれるようになった。

こうして仏教は公認され、病気平癒、疫病退散を担っていく。その際に、治病の霊験によって信仰されたのは薬師如来であった。仏教興隆に大きな功績を果たした厩戸皇子《うまやどのおおじ》（聖徳太子）の父である用明天皇は、自身の病気平癒を願って薬師像の造立を発願した。天武天皇は後の持統天皇である鸕野《うのの》皇后の病気平癒を祈願して薬師寺の造営を発願している。

大神神社に始まる「神道」に病気平癒を祈願する神がいないかと言えばそんなことはない。三輪山麓に祀られた大物主の同体異名である大己貴《おおなむち》は、「国造り」をともに果たした少彦名《すくなひこな》とともに、「医薬の神」として信仰されている。

＊

古代神話や古代史上に、疫病をめぐる事件や病気平癒を願った営為があったいっぽうで、中世から近世の民衆が最も頼った疫病除けの信仰対象は「牛頭天王《ごずてんのう》」だった。夏の京都を彩る祇園祭は八坂神社（京都市東山区）の祭礼であり、古代・中世の疫病流行をきっかけにおこなわれるようになったものである。八坂神社は明治維新の神仏分離まで、牛頭天王を祀る祇園社、あるいは祇園感神院と呼ばれる神仏習合の施設であり、疫病除けの祇園信仰・天王信仰の広がりとともに各地に勧請されていった。

現在、大神神社の社殿の南の高台に、「天皇社」と称する末社が鎮座する。この社の祭神は、大神神社の創建に深く関わる崇神天皇である。

大神神社のホームページによると、天皇社の祭神である崇神天皇（御真木入日子印恵命《みまきいりひこいにゑのみこと》）は、「三輪山麓の磯城瑞籬《しきのみずかき》宮を都とされた。天皇は敬神の念がことのほか篤く、天照大御神を初めて皇居から倭笠縫邑《やまとのかさぬいむら》（現・桧原神社）に遷され、丁重におまつりされると共に、はじめて神社の制度を整えられた。また産業を興し交通を整えて国民の福利を進め、大和朝廷の基盤を確立された数々のご事績から初国《はつくに》治《し》らす天皇《すめらみこと》と称えられた」とされる。

しかし、『大神神社史』（一九七五年）によると、天皇社は、「一伝八阪神社」「祭神 一伝八阪大神」とされているのである。推測すると、ここにはかつて牛頭天王（＝八阪［八坂］大神）を祀る「天王社」があり、いつの時代にか「天皇社」に改められたと想像されるのだ。疫病除けの尊格として信仰されてきた牛頭天王が、古代神話で大神神社を始めた崇神天皇に置き換えられたとしたら、この小さな社は、疫病をめぐる複雑な歴史の知られざる舞台だといえるかもしれない。

5 「残酷」の時代に

「災害弱者」は救われてきたのか

関連死が上回った「熊本地震」の犠牲者

二〇一六年（平成二八）の四月一四日に発生した熊本地震で被災し、五月に死亡した熊本県合志《こうし》市の七〇代の男性が、今月初めになって新たに「災害関連死」と認定され、一連の地震で亡くなった人は熊本県と大分県で合わせて二〇五人となった。合志市は、熊本地震の被災者の遺族から「災害弔慰金」の申請を受け、避難生活での体調悪化などで亡くなった「災害関連死」に当たるかどうかを審査委員会で調べていた。

熊本地震による二〇五人の死亡者のうち、災害関連死は一五〇人にのぼり、直接死五〇人の三倍となった（二〇一七年六月の豪雨による土砂災害で亡くなった五人も犠牲者に含まれる）。災害関連死の九割超が六〇歳以上で、高齢者が自宅や病院で被災して持病を悪化させたり、心身の疲労で衰弱したりという例が多い。地震の被害や、その後の生活を苦にして自殺した人も四人いる。

災害関連死は、一九九五年の阪神・淡路大震災以降、繰り返し報道されるようになった。阪神・淡路大震災における兵庫県の死亡者総数六四〇二人のうち、災害関連死は九一九人で、約一四パーセントだった。神戸市などが計一七人の自殺者を関連死と認定したが、政府は災害死とは認めず、公表した死者数に含めていない。

東日本大震災では、二〇一六年九月三〇日までに、三五二三人の関連死が報告された。死亡原因は、避難所等における生活の肉体・精神的疲労、避難所等への移動中の肉体・精神的疲労、病院の機能停止による初期治療の遅れなどが七割以上を占め、自殺者は二三人だった。

「善光寺地震」と救済活動

一八四七年五月八日（弘化四年三月二四日。以下、月日は旧暦で記す）の夜、長野県北部を震源とするマグニチュード七・四の巨大地震が襲った。「善光寺地震」と呼ばれるこの地震と、その後発生した火災により、善光寺界隈はほぼ壊滅した。

善光寺は「御開帳」でにぎわい、夜間だったこともあり、被害が大きくなった。門前町周辺だけで約三〇〇〇人が圧死や焼死し、全体では八〇〇〇〜一万数千人の犠牲者が出たとされる。このうち少なくとも約一七〇〇人は善光寺詣の旅行者だった。また発生から三〇日間に起こった余震は九二四回を数えた。

善光寺の南に広がる権堂《ごんどう》村では、被災者は次のような悲惨な状況だった。

「おびただしい人々がけがをしていても、医療の便がなく、身体が紅に染まり、背負われて野中で介抱されても、風を受け、日を受け痛みが強くなった。口中に潤いがなくなり、胸が痛み、疲れては水を飲み、弱っては水を飲みして、一昼夜を過ごした。そんなことで、大人も子どもも、目ぶちが黒みただれている。頬もこけ衰えて土気色になり、乱れ髪には土砂のほこりをあびる状態だった。」（永井善左衛門幸一『地震後世俗語之種』）

こうした状況にたいし、善光寺西町では地震の翌日から、むすび・味噌漬け・塩鮭などの食料品を中心に、近隣から救援物資が差し入れられた。一週間後の四月一一日、権堂村では名主の永井幸一が死者供養をおこない、善光寺でも一三日から仮堂で死者供養をおこなった。一〇日後ごろからは、湯屋や髪結いが営まれるようになった。一三日後には、山内の焼け跡の片づけや、犠牲者の遺体処理のボランティア活動が始まり、約二〇日後には、善光寺大勧進・大本願の復旧に遠慮をせずに、町民の家屋を本普請する許しが出て、再建を促した。

善光寺領の後町に接する越後椎谷領の問御所《といごしょ》村では、家が全壊したものに金七両二分、半壊したものに金五両、圧死人のある家へ回向料として金一両、そのほか難渋のものへ金一〇〇疋以上、金一両まで下付した。同村の豪農商・久保田新兵衛は、三月二八日から四月一〇日までの一三日間に、白米一〇八石七斗、玄米三石一斗九升、大豆六石三斗五升を銭八三〇貫で安売りした。

代官・高木清左衛門の尽力

高井・水内《みのち》両郡五万八三六二石余りの幕府領を管轄する代官・高木清左衛門は、民衆を救うために働き、震災後「神」に祀りあげられた。

高木代官は被害を受け、「金二五〇〇両を書面の村々へ急ぎ貸し付け下さることをお願いしたい。そうでないと、領民を取り締まる手段は覚束ない」と、被災した村ごとの被害状況を記した帳面を添えて幕府に差し出した。千曲川沿いの村々では四月一三日の洪水被害が大きく、高木代官は一一月に各村への「囲い籾《もみ》（非常時にそなえて備蓄した籾米）」の拝借を幕府勘定所へうかがい出ている。「稲作は再度の蒔きつけで時期が遅れ、また七月からの冷気で中稲・晩稲の青立ちが多くなり、不熟がかなり見られる」と訴え、飢えに苦しむ二一八九人分の籾として、一日に男は籾四合、女は籾二合、一〇〇日分の拝借を願い出た。これにたいし幕府は、日数は五〇日間とし、五か年賦返済で、高木代官の囲い籾の拝借を認めた。

水内郡の伺去真光寺《しゃりしんこうじ》村では、地震とともに地すべりがおき、田畑が押し出され、高四八石九斗余りの石高のうち九二パーセントにあたる四五石余りが荒れ地となった。高木代官はこれにたいし、居宅代、農具、山稼ぎ道具などの諸道具代として、一軒につき金七両二分の拝借金を一〇年賦で借り入れさせることに尽力した。一八四七年（嘉永元）、伺去真光寺の村人は「高木大明神」として石祠を建立し、三月二四日の震災の日に、高木代官を顕彰する祭りをおこなったという。

松代藩主・真田幸貫の迅速な対応

震源の南方一帯を領する松代藩の藩主は、地震のとき真田幸貫《ゆきつら》だった。真田信繁（幸村）の兄信之（信幸）は、上田藩を経て、一六二二年（元和八）に松代藩一三万石へ加増転封《かぞうてんぽう》となる。その八代藩主である幸貫は、寛政の改革を断行した松平定信の二男で、一八二五年（文政八）に真田家に養子に入った。幸貫は松代藩で兵学者・佐久間象山を見出し、文武学校の建設を提案して、藩の近代化に尽力した。

善光寺地震の際、幸貫は松代城にいた。自らが地震を体験したことから、幸貫は迅速に対応し、陣頭指揮を取ることができたのである。

松代藩による復興援助はきわめて早く、被災者にたいし「御救い小屋」を設置し、炊き出しをおこなった。御救い小屋では、震災後まもなくに救援物資の提供がおこなわれた。これは幸貫が藩政改革の一環として、救荒に備えた米の備蓄を命じていたことが効果を発揮したものである。この備蓄米の制度は、父・松平定信の寛政の改革に範をとったもので、御救い小屋設置は、藩主の威光を民衆に示す場ともなった。

被災者にたいしては救済金（手当金）の支給もなされた。家屋が焼失したり、流失したりしたものには、金三分・米二斗五升ずつを支給し、倒壊家屋一軒ごとに金二分、家屋が半焼したものには金一分ずつを支給した。

藩財政に占める人件費の抑制もおこない、家臣たちにたいする施策として、三年から五年の間の倹約や、江戸勤番についての改革もなされた。こうした倹約によって、藩士たちの生活は困窮を極めることとなった。また、松代藩として震災を記録するとともに、藩の震災対応を後世に残そうとする動きもみられた。現地に赴いて収集した資料のなかには上野国の「かわら版」も含まれている。

「天明の浅間焼け」後の奇特

一七八三年（天明三）に起こった浅間山の大噴火、「天明の浅間焼け」では、名主などにより、稀にみる形で村の復興が図られた。七月八日の午前一〇時ごろ大規模な噴火が起き、山腹では火砕流や溶岩が流下した。高速で北流した火砕流は、北麓の鎌原《かんばら》村をのみ込んだ。鎌原村の村民五七〇人のうち、死者四七七人、生存者九三人、九三軒の家屋は残らず倒壊。荒廃地は村の耕地の九五パーセント以上に及んだ。

鎌原村近くの大笹村の名主・黒岩長左衛門らによる復興案は、鎌原以外の村から移住者を募り、荒れ地を再開発するというものだった。しかし、鎌原村は気候が寒冷で、地味《ちみ》も悪く、火砕流の影響で、再開発しても収穫を見込めなかった。また、近隣の村々も噴火の被害を受けていることから、移住者を出す余裕がなく、復興はめどが立たなかった。そこで黒岩らは、共同体を維持し、村人同士が支えあうために家族の再構成を計画した。この大胆な計画について、幕府の復興対策責任者だった勘定吟味役・根岸鎮衛《やすもり》は、随筆集『耳嚢《みみぶくろ》』の「鎌原村異変之節奇特之取計致《とりはからいいたし》候者の事」で次のように記している。

農民たちは家筋や素性にこだわり、挨拶の仕方だけでも相手による差別があった。たとえ現在は金持ちでも、由緒がある有力者でなければ、座敷にも上げないということもあった。被災者を収容する建物を建てたとき、こうした点に配慮した黒岩ら三人の名主たちは、「このような大災害に遭っても生き残った九三人は、お互いに血のつながった一族だと思わなければいけない」と言い、生存者たちに親族の誓いをさせ、家筋や素性の区分を取り払った。

三人は、夫を亡くした妻と妻を亡くした夫を再婚させ、子を亡くした老人に親を亡くした子を養子として養わせるなど、九三人全員を一族としてまとめ直した。そしてその門出を、酒肴を贈って祝った。非常時における有力百姓の対応の仕方は、誠に興味深いものである――。

根岸鎮衛の『耳嚢』といえば、現代の読者には珍談、奇談、怪談の宝庫として知られる本である。共同体の再編にまで及んだ黒岩らの災害復興計画は、根岸にとっても「奇特」としか言いようのない、切実さをともなうものだった。

二つの歴史的災害とその後の支援により、災害関連死をどれほど防ぐことができたかは、数字で明らかにすることはできない。しかし、迅速な対応に乗り出し、経済的援助を惜しまず、なかには家族の組み直しまで提案した人々がいたのだ。今日のような日には、近年の災害に対する検証はもちろん、こうした歴史的な扶助や工夫についても顧みたいものである。

難民・移民に冷たい国の難民・移民史

日本と日本人の〝冷淡〟

日本政府に提出される難民申請者数は、五年ほど前から毎年ほぼ倍増している（二〇一七年現在）。二〇一六年（平成二八）の難民申請は一万九〇一件にものぼった。しかし申請を受け入れた者の割合は平均一パーセント以下にとどまっているのだ。同年二月に実施された「産経・FNN世論調査」によると、「日本が移民や難民を大規模に受け入れること」にたいして七〇パーセント近い日本人が反対し、賛成は二〇パーセントにすぎない。

ヨーロッパ諸国では、戦禍を逃れてきた在留外国人というだけで難民の地位が認められるのにたいし、日本では申請者に、「政治的意見を理由に、迫害を受けるおそれがあるという十分に理由のある恐怖を有すること」といった要件の証明を、厳格に求めている。

西欧の国々の大半は他国からの移住によって建設された。日本が単一民族国家であることも神話である。にもかかわらず、国家も国民も他の国から移り住むことを希望する人にきわめて冷淡だ。しかしその日本人も、近世近代において難民、移民は他人事ではなかった。そうした事実のなかから、民俗誌・民衆史に関わる事例を紹介しよう。

人を食べて生き延びた

近世の日本では、飢饉による〝国内難民〟が続出した。飢饉の多くは自然災害に原因を求められるが、政治社会経済的な体制の問題と深く関わっている。飢饉は天災であると同時に人災だった。

『忘れられた日本人』などの著作で知られる宮本常一は、江戸時代後期の国学者で旅行家の菅《すが》江《え》真澄《ますみ》が残した旅日記にもとづき、「天明の大飢饉」（一七八二〜八八年）と「天保の大飢饉」（一八三三〜三九）のときの〝難民問題〟について詳しく記している（『菅江真澄　旅人たちの歴史2』）。

菅江真澄は、東北地方はたいへん豊作だという噂を聞いて一七八四年（天明四）に信濃（長野県）を発った。しかし翌年に東北に行ってみると悲惨な状態だった。

津軽（青森県）で会った人に真澄が聞いてみると、「われらは馬を食らい、人を食らいて、からき命を助かりつれど、また今年吹きたる風にあたりて、稲穂かがまず（実らないで）、むかしの陪堂《ほいとう》（物乞い）となりて侍《はべ》る」と吐露する。馬や人を食ったのは事実かたずねると、「人も食《とう》び侍りしが、耳鼻はいとよく侍りき。馬を搗《つ》きて餅としてけるは、類《たぐい》のうまく侍る」と、人間の耳と鼻、馬は美味だというのである。こうした難民が、津軽の野には満ち、廃村になった村がいくつもあった。よほどの金持ちならいざしらず、多くの人々が南へ、南へとたどっていった。

天明の大飢饉の原因は、長雨、水害、浅間山の大噴火、なかでも冷害による被害が大きかった。津軽藩では飢饉に対する措置を誤り、藩内の米穀が欠乏し、米価が高騰。売買が止まってしまった。町や村を問わず食物が尽き、餓死者が続出する惨状を呈したのである。

藩の政策が生んだ悲劇

宮本常一は、宮城県で耳にした天保の大飢饉の伝承を書き留めている。

現在の青森県のあたりの人がまず生活に困り、南へ移動していった。盛岡付近まで来ると先には行けなくなり、そこへ落ち着く。その地域の人々も食べることができないので、南へ、南へと移動し、南部藩から仙台藩へ入っていった。仙台藩の人々もまた南へ移動していた。家も調度もそのまま残っているのでそこに住む。空っぽの中へ順に入っていく、そういう移動がみられた。自分の藩では食えないから隣の藩へ逃げていく。隣の藩の人たちもその隣へ逃げていく。そのような状態が繰り返されていたとみられる。宮本はこういった現象を「ヤドカリと同じだ」と表現している。

難民は最終的に、関東平野へなだれを打って流入した。しかし関東の人々は移動していないので、彼らは「乞食」にならざるをえない。若者たちは下男になり、どこかの町や村へ入り込み、暮らしを立てたのが実状だったようである。

前近代の社会では、為政者による過酷な政策が、飢饉をいっそう激しくした。直接生産者に対する租税の収奪が厳しく、交通手段も未発達で、遠隔地への物資の輸送も困難だったため、凶作に襲われると食糧不足を招き、飢饉を発生させることとなった。また藩主らの利害対立による食糧の輸送禁止が、飢饉をさらに激化させた。飢饉は人災の側面も大きく、難民たちは為政者の政策の被害者だった。

近代日本の国策移民

二〇一四年（平成二六）三月、安倍内閣は毎年二〇万人の移民大量受け入れの本格的な検討に入った。少子高齢化社会の日本で働き手不足を解消するため、積極的に移民を受け入れ、労働力に割り当てていくとされているのだ。こうした移民もまた私たちにとって他人事ではない歴史であり、かつて日本人は受け入れる側ではなく、新天地を求めて渡っていく側であった。

近代における日本人移民として、一八六八年（明治元）から一九二四年（大正一三）までの約二二万人のハワイ移民、一九〇八年以降の約一〇〇年間で一三万人に及ぶブラジル移民、一九三二年（昭和七）三月の〝建国〟による満州移民などが知られる。このうち満州には、関東軍、満州鉄道の関係者のほか、農業移民である「満蒙開拓団」などが渡った。満蒙開拓団二七万人のうち、三万七〇〇〇人以上は長野県が送り出し、なかでも下伊那地方はそのおよそ三分の一を占め、下伊那郡清内路《せいないじ》村（現・阿智《あち》村）では、村の人口の二割近くの一八・九パーセントに及んだ。

長野県では当時、農家の四〇パーセントが養蚕業を営んでいた。カイコの繭からとれる生糸の九割以上は米国向けで、シルクのストッキングに用いられた。絹は第一次大戦後の好景気に支えられて需要が伸びた。養蚕は農家に貴重な現金収入をもたらすいっぽうで、「生糸を売って軍艦を買う」といわれたように、生糸の輸出は近代日本の重要な国策だった（拙著『蚕――絹糸を吐く虫と日本人』参照）。ところが一九二九年に起こった世界恐慌で、生糸の価格が暴落し、農家が売り渡す繭価も三分の一にまで落ち込んでしまう。繭をおもな収入源にしていた農家は打撃を受け、村の財政も立ち行かなくなった。養蚕依存の農家と農村が、政府が推し進めていた移民政策に救いを求めたのである。

満蒙開拓もまた重要な国策であり、食糧の確保、ソ連国境の防衛のために、二〇年間で一〇〇万戸、五〇〇万人を移住させるという移民計画ができ、各村に移民の割り当てができた。村を分けて満州に分村を作る「分村移民」に応じれば、移民はもちろん村にも補助金や低利貸し付けをする。恐慌下の農村再建策として、母村の過剰人口を送り出すとともに、処分した田畑を村民で分け合い、農業の経営基盤を広げることもできる。「満州へ行けば二〇町歩（ヘクタール）の地主になれる」というふれこみも、村民たちに夢を抱かせた。

開拓移民の現実

しかし移民の実態は、理想とはかけ離れた侵略的なものだった。

下伊那郡大下条《おおしもじょう》村（現・阿南《あなん》町）の佐々木忠綱村長は、一九三八年（昭和一三）に下伊那郡町村会の満州視察団に参加した。視察団の報告書は、「困難は伴うが……これを人に勧め得る確信を得た」と記していたが、佐々木は、日本人が非常に威張っていることや、中国人を侮辱しているところ、満州の人々の土地を略奪していくようなやり方を見て強い疑念を抱いた。視察からの帰国後、佐々木は分村移民を推進しなかった。

満蒙開拓は「開拓」とは名ばかりで、現地の農民が住んでいる家と土地を、強制的に安く収用したところへ入植するものだった。日本人移民はしかも、家と土地を奪われた農民たちを小作人や苦力《クーリー》として使用したのである。

満州北東部に入植した下伊那郡泰阜《やすおか》村や、満州中央部に分村した南佐久郡大日向《おおひなた》村（現・佐《さ》久穂《くほ》町）の移民たちは、戦後になって次のような証言をしている。「ほんとうに肥えた土で、日本から持っていった小豆をまくと、驚くほどたくさん取れた」、「割り当てられた土地は荒れ地ではなく、中国人が耕作していた土地をそのまま使った。家も最初の一年は、だれかが住んでいた古い家に入った」、「「あの中国人はどこへ行ったの」と聞いたら、大人は「わからない」と首を振った」……。泰阜分村も大日向分村も、満州拓殖公社が畑は中国人から、田は朝鮮人から安く買い取っていたのである。

移民たちは一九四五年八月九日のソ連侵攻と敗戦により、〝難民〟として逃避行を余儀なくされ、集団自決をした開拓団もあった。下伊那郡河野《かわの》村（現・豊丘《とよおか》村）の胡桃沢《くるみざわ》盛《もり》村長は戦後まもなく、移民を先導した自責にかられて自殺した。

個別の理由はあるにせよ、現代の難民や移民も、祖国の政情や政策に翻弄されて、日本にやって来ようとしているのである。彼らの現実や状況を、私たち日本人は自分たちの過去の歴史を顧みながら理解すべきではないだろうか。

ある風景が覆い隠す「難題」

この時代を象徴する風景とは？

「平成」の時代に起こり違和感を覚えたことのひとつに、「昭和」を「レトロ」として懐かしむという現象があった。「昭和」にあったと思しき暮らしや風景をノスタルジーの視線で捉え、記号化して愛《め》でるありかたである。

新元号が「令和」になることが（二〇一九年）四月一日に発表され、五月一日から施行される。それでは三〇年間続いた「平成」が、「令和」の時代のうちに、「平成レトロ」や「平成モダン」で語られたり、懐かしがられたりすることがあるだろうか。もしこういう記号化がされたとき、イメージされるのはどのような風景だろうか。

「平成」が終わろうとしているいま、この時代を象徴すると筆者が考える風景、情景を思い巡らせてみたい。

実態が乏しかった「昭和レトロ」

まず「昭和レトロ」とは、どんな風景だったのか。

「昭和」という時代は、西暦一九二六年一二月から一九八九年一月まで、六〇年以上も続いた。この六〇数年間は「明治」に始まった「一世一元」という規範にもとづくもので、昭和天皇の在位期間と重なる。一九四五年（昭和二〇）の敗戦後、元号制度はGHQによって見直されかけたものの、なんとか生き延びた。しかし「一世一元」を取り決めたこの制度には法的根拠がなかった。元号が、「皇位の継承があった場合に限り改める」ことに法制上決まったのは、一九七九年に元号法が成立したことによる。個人的には、戦後に改元があってもよかったと考えるが、「昭和」はともかく続いたのである。

「昭和レトロ」とは、いうまでもなく、長い時代の〝ある一端〟を切り取って懐かしむものにすぎない。そしてこの時代を象徴する〝ある時期〟として切り取られたのは、昭和三〇年代前半、一九六〇年前後だった。つまり高度成長の坂道を登りつつあった（と事後になって顧みられた）時代であり、当時の庶民がどんな街並みに暮らし、どんな社会生活、家庭生活を送っていたかを断片的に仮構したものである。この時期に白羽の矢が立ったのは、ほどよい時間的距離であり、やがて繁栄に至るとみなされた時代背景にあった。その断片的風景を描いたのが、映画『ALWAYS 三丁目の夕日』だった。

西岸《さいがん》良平の漫画を原作に、山崎貴監督、吉岡秀隆主演で二〇〇五年に公開され、多くの映画賞を受賞したこの映画の舞台設定は、昭和三三年、一九五八年の東京の下町、東京タワーの麓に位置する港区愛宕《あたご》あたりだとみられる。東京には都電が走り、蒸気機関車もまだ健在で、都心にも木造家屋が多かった。こうした舞台背景のなか、けなげにがんばる庶民を、安倍首相（当時）は、小泉内閣の官房長官だったとき、『美しい国へ』（二〇〇六年）で賞賛したのだ。

「平成らしさ」とは何か

それでは「平成」三〇年間を表す最もシンボリックな風景はどういったものか。

平成を象徴する出来事として、ふたつの大きな自然災害を避けることができない。もちろんそれは平成七年、一九九五年一月に発生した阪神・淡路大震災、平成二三年、二〇一一年三月におこった東日本大震災である。大正時代に起こった関東大震災以来の大災害が、三〇年のあいだに十数年を隔てて二度も発生したことになる。現在では、関東大震災を経験した人は、かなり少なくなっているし、昭和の戦争の体験者も高齢者だ。だが平成の二つの震災の経験は、いまでも生々しい。

しかし、平成に起こった災害はこの二つだけではない。東日本大震災が起こった年の九月には台風第一二号が襲来し、「紀伊半島豪雨」をもたらした。死者・行方不明者九八人、住宅の全壊三八〇棟、床上浸水五四九九棟の被害で、これは平成三〇年の西日本豪雨まで平成最大の水災害だった。

昨年（二〇一八年）も自然災害の〝あたり年〟だった。死者二二四人、行方不明者八人、負傷者四五九人を出した西日本豪雨（六月二八日から七月八日）をはじめ、草津白根山噴火（一月二三日）、北陸豪雪（二月上旬）、大阪府北部地震（六月一八日）、台風一二号（七月二九日）、台風二〇号（八月二三日〜二四日）台風二一号（九月四日）、北海道胆振《いぶり》東部地震（九月六日）などが起こった。夏には記録的な猛暑もあった。

しかし災害の〝風景〟はおおむね、当事者以外のものにとっては、次の災害が起こり集中的に報道されると、瞬く間に忘れられていくのである。

災害は、繰り返し襲ってきた

大阪北部地震による被害は、大阪府内で死者六名、二府五県で負傷者四四三名、住家の全壊九棟、半壊四六棟、一部破損二万一九二〇棟、床上浸水二八棟、床下浸水一九一棟に及んだ。

震源地だった大阪府高槻市では、倒壊したブロック塀の下敷きになり登校途中の小学生が死亡した。この地震災害を象徴する風景として、道路に倒れこんだブロック塀の映像が、多くの人々の記憶に刻みこまれているかもしれない。

地震で屋根瓦が落ちた民家の住民は、さらなる崩壊と雨漏りを防ぐため、応急の処置として、ブルーシートで屋根を覆った。しかし、二万棟を超える被災家屋の多さから、すぐには修理の手が及ばなかった。こうして不安のうちに過ごす人々の上に、豪雨と台風が繰り返し襲ったのである。なかでも台風二一号は、九月四日に非常に強い勢力を保ったまま上陸し、近畿地方を縦断。大阪府内を中心に記録的な暴風が起こり、一〇〇もの観測点で観測史上最大値を観測した。関西国際空港では高潮により、タンカーが連絡橋に衝突して破損し、孤立状態となった。強風による電柱の倒壊も相次いだ。

大阪市内に住む筆者の自宅でも、九月四日の午後二時頃、塩化ビニール製のテラス屋根が暴風で吹き飛んだ。高槻、茨木、枚方などの北摂地域だけではなく、大阪市内でも、いまだにブルーシートに覆われた民家が見受けられる。この、いつまでもブルーシートで覆われたままの風景こそが、「平成レトロ」を視覚化した風景なのではないだろうか。緊急避難的にブルーシートで屋根を覆い、修理業者が来るのを待つ。そうこうしているうちにまた次の災害が訪れる。少し経つとまた別の災害に襲われる。生命の危機を覚えるほどではないものの、安心して暮らすことができない生活が何日も続くのだ。

全壊した家屋は立て直さざるを得ないし、業者やボランティアの手も伸びやすいかもしれない。しかし半壊や、一部破損のほうが厄介な面もある。一見すると大被害には見えないが、根本的な解決は先延ばしになるばかりで、住民は不安な日々を送らざるをえないのである。

半壊し、床下浸水の状態のまま

西日本豪雨でも全壊六七五八棟、半壊一万八七八棟、一部破損三九一七棟、床上浸水八五六七棟、床下浸水二万一九一三棟の住家被害が出た。災害報道でも、全壊家屋や床上浸水した家屋に目を奪われるが、半壊や一部破損、床下浸水した家屋のあまりの多さに驚かされる。

内閣府の定める「災害の被害認定基準」などにもとづくと、住家の「全壊」とは、住家がその居住のための基本的機能を喪失したもの、または住家の損壊が甚だしく、補修により元通りに再使用することが困難なものをいう。「半壊」とは、住家がその居住のための基本的機能の一部を喪失したもの、住家の損壊が甚だしいが、補修すれば元通りに再使用できる程度のものをいう。「一部損壊」は、全壊及び半壊にいたらない程度の破損で、補修を必要とする程度のものである。

また「床上浸水」とは、住家の床より上に浸水したもの及び全壊・半壊には該当しないが、土砂竹木の堆積により一時的に居住することができないもの、「床下浸水」とは、床上浸水に至らない程度に浸水したものとされる。

ここまで「災害」にこだわって書いてきたが、筆者は「平成」を災害被害によって象徴化しようとしているわけではない。昭和に起こり、また平成に生まれた数々の問題が、「半壊」や「一部損壊」、「床下浸水」のまま放置され、なおざりにされてしまっているのではないか。その「譬《たと》え」としても、災害用語を援用してみたのだ。

「難題」をやりすごしてきたツケ

「平成」が始まったとき日本の内閣は、一九八八年（昭和六三）一二月に、消費税導入を柱とする税制改革法案の成立直後に発足した「竹下改造内閣」だった。竹下首相は、改造前の内閣でリクルート事件が問題化するなかで消費税法案を提出、また「ふるさと創生事業」を目玉政策として打ち出し、改造内閣の時期を含めて総額一律一億円を使途無限定で各市区町村に交付した。

消費税、汚職事件、地域の活性化を名目にしたばらまき政策などは、検証されぬまま歴史を繰り返している。それだけではない。憲法論議や安全保障、所得格差や性差別といった問題も、昭和の終わりには強く問題提起されていたはずだ。あらゆる問題が半壊や一部損壊、あるいは床下浸水ぐらいだと放置され、ブルーシートで覆って、その場をしのぐ。しかし、災害や難題は、なんども繰り返し襲ってくるのである。

「平成」のあいだに解決策や打開策をみつけないまま、やりすごそうとしてきた問題が、「令和」になって限度を超え、全壊や床上浸水のような事態になるのではないか。「平成レトロ」ともいうべき風景を胸に刻みつけ、来るべき時代には事態を直視し、なにごとにも未然に手を打つ姿勢が強く望まれるだろう。

「戦争の死者」と日本の民主主義

「死者」を思う季節

日本人は夏になると、「死者」について思わざるをえなくなる。なぜならそれは、「お盆」と「終戦」というレベルが異なる二つの〝行事〟が真夏におこなわれるからだ。しかし、現在の私たちは、異常気象による灼熱の下で、十分に死者に思いを巡らせることができているだろうか。

古来日本では、仏教の盂蘭盆会《うらぼんえ》から派生した祖霊供養である「お盆」が新暦の七月、あるいは旧暦の八月におこなわれてきた。「盆踊り」も本来は、死者の霊を慰めるため、共同体ごとにおこなわれるものだった。家々では、迎え火を焚いて先祖の魂を迎え、送り火とともに祖霊を送る。また麻幹《おがら》などをキュウリやナスビに刺した「精霊馬《しょうりょううま》」が、お盆にあの世とこの世を行き来する祖霊の乗り物として供えられた。映画『天気の子』にも、迎え火と精霊馬が印象的に映し出される。『天気の子』は間違いなく、夏のお盆を扱った映画なのである。

一九四五年（昭和二〇）の八月、六日に広島、九日に長崎に原爆が投下された。そして一五日には玉音放送が流れ、日本人は「敗戦」を実感した。あれから七四年が経ち、時代は昭和から平成、令和へと移った。そしていま、八月の六日と九日と一五日は、記念日や祈念日として思い起こされるものの、歳時記の一項目にすぎなくなったかのようでもある。

加藤典洋『敗戦後論』の問題提起

いまあの戦争以来、隣国との関係が厳しい状態にある。にもかかわらず、あるいは逆にそのためなのか、戦争の死者について正面から向き合うことを、日本人は避けているように感じられる。令和元年の現在、「太平洋戦争の日本の死者」とは、どのような死者を指し示すと人々は考えているのだろう。そこで問いかけてみたいのは、昭和の戦争における「日本の戦死者」とは、どの範囲までを指し示すのか、ということだ。

太平洋戦争における死者の問題については、いまから二〇年程前、「日本の三百万の死者を悼むことを先に置いて、その哀悼をつうじてアジアの二千万の死者の哀悼、死者への贖罪にいたる道は可能か」と問いかけて物議を醸し、論争を巻き起こした人物がいる。文芸評論家の加藤典洋である。

「悪い戦争にかりだされて死んだ死者を、無意味のまま、深く哀悼するとはどういうことか。／そしてその自国の死者への深い哀悼が、たとえばわたし達を二千万のアジアの死者の前に立たせる」。（加藤典洋『敗戦後論』）

『敗戦後論』はその後、いわゆる「歴史主体論争」を巻き起こした。加藤の問題提起に対して〝左派〟の学者・研究者から、なぜ「アジアの死者」より「日本の死者」を先んじて考慮にいれなければならないのか、という批判が噴出したのである。

加藤は、憲法九条の「戦争放棄」条項や靖国神社におけるA級戦犯合祀をめぐり、日本の国内でほどくにほどけない「ねじれ」が起こるのは、三〇〇万の日本の死者に向き合ってこなかったからではないかと問いかけたのである。しかし、こうした論法は、ナショナリズムの創出にすぎない、と非難を浴びることになったのだ。なお当時、編集者だった私は、この論議を受けて、加藤に『日本の無思想』（一九九九年）を書き下ろしてもらった。今年（二〇一九年）の五月、加藤は七一歳で逝去したが、その問題提起はいまこそ省みられるべきだろう。

靖国神社と千鳥ケ淵に祀られる「死者」

戦争の死者にたいしてはおもに、「戦死者」と「戦没者」という二つの言い表し方がある。

それに呼応するように、戦争の死者を慰霊、追悼、あるいは顕彰するための施設が、東京に二つ設けられている。いうまでもなく「靖国神社」と「千鳥ヶ淵戦没者墓苑」だ。

靖国神社は一八六九年（明治二）東京招魂社として創建され、七九年に現在の社号に改称された。戊辰戦争や明治維新に功のあった志士に始まり、日清戦争、日露戦争、第一次世界大戦、第二次世界大戦など戦死者を「英霊」として祀っている。一九三九年（昭和一四）からは府県ごとに護国神社、市町村ごとに忠魂碑が設立され、靖国神社を頂点とする英霊奉賛のシステムが整えられていった。七八年には、刑死・獄死したA級戦犯一四人を合祀。中曽根康弘首相が八五年に戦後初めて首相として公式参拝し、韓国・中国などの反発を招くこととなった。これ以後、首相の公式参拝は中止されたが、二〇〇一年（平成一三）八月に小泉純一郎首相が参拝し、近隣諸国から再び抗議を受けた。近年では、二〇一三年末に安倍晋三首相が参拝し、韓国・中国から強く抗議されている。

千鳥ヶ淵戦没者墓苑は、一九五九年に創建された。この墓苑には、日中戦争・太平洋戦争において、海外で戦死した日本の軍人、軍属、民間人の遺骨のうち、身元不明や引き取り手がいないなどの理由で、遺族に引き渡すことができなかった遺骨が納められている（今年五月現在、三七万六九柱を安置）。また苑内の六角堂には、昭和天皇から下賜された骨壺に各地の遺骨を少しずつ納め、それを、全戦没者の象徴として安置している。

この墓苑は政教分離の原則により、特定の宗教宗派に属さない施設とされ、毎年五月に厚生労働省主催の慰霊行事として拝礼式がおこなわれるほか、八月一五日には内閣総理大臣が参列するのが恒例となっている。

「民主主義」は戦争の死者を区別するべきではない

加藤典洋は、日本の戦争の死者を「三〇〇万人」と数えて、「二〇〇〇万人」のアジアの死者に対置した。しかしいま、日中戦争・太平洋戦争の「戦死者」というときには、約二五〇万人の軍人・軍属の死者を指すことが多い。それ以外の民間人、空襲や原爆、植民地などで亡くなった約五〇万人もの死者は、「戦災死者」や「一般戦災死没者」などと呼ばれ、戦死者と区別される。加藤の『敗戦後論』では、アジアの死者やA級戦犯と対比するため、「戦死者」と「戦災死者」を分けてはいない。この点については、その後の論争でも批判された。「戦争の死者」について考えようとするとき、また靖国神社の祭神を問題にするとき、戦災死者のことを避けては通れないだろう。

靖国神社は、日本の軍人・軍属以外の死者も祭神に祀っている。同神社のホームページには、そのような祭神について、以下のように記している。

「軍人ばかりでなく、戦場で救護のために活躍した従軍看護婦や女学生、学徒動員中に軍需工場で亡くなられた学徒など、軍属・文官・民間の方々も数多く含まれており、その当時、日本人として戦い亡くなった台湾及び朝鮮半島出身者やシベリア抑留中に死亡した軍人・軍属、大東亜戦争終結時にいわゆる戦争犯罪人として処刑された方々なども同様に祀られています」。

この説明を読んで私が違和感を覚えるのは、ふつうの民間人が祭神に含まれていないことにほかならない。

日中戦争・太平洋戦争では、「国民総動員法」（一九三八年）が制定され、「一億玉砕」のスローガンのもとに、民間人も戦争を戦ったはずである。従軍看護婦や軍需工場で働いていた学徒のほかに、婦人も少国民も〝従軍〟を余儀なくされ、数多くの戦死者が出たのである。

日本人の宗教観念では、本来、軍人と民間人の死を分け隔てるようなことはなかった。武運の長久を勇ましい神に願ったり、非業の死を遂げたものの御霊《ごりょう》を鎮めたりといった祭祀のあり方は長い歴史を持つ。けれども、戦地に赴いたもの、戦争を指示したものと、戦争の一翼を担わされた民間人を分け隔てる宗教的裏づけはどこにもないのだ。さらに、一宗教法人とはいえ、いや宗教法人だからこそ、靖国神社が戦後民主主義のなかで機能しようとするなら、死者を区別し、差別するなどもってのほかである。

靖国神社は、戦争の死者のすべてを祀るべきだと私は思う。『日本国憲法』を順守するなら、戦中の過誤を神社という宗教的主体にもとづき、軍人・軍属と民間人のあいだに横たわる〝死〟の差別を解消すべきだろう。

私は『死者の民主主義』と題した著作で、柳田国男の民俗学をもとに、日本の社会は生者だけで構成されてきたのではなく、死者や精霊や小さな神々、妖怪なども重要な参加者だったと主張した。私の考えでも、死者を「戦死者」と「戦災死者」に分類するということはありえないのである。

戦争の〝当事者〟が祭神に祀られるべきだ

加藤は『日本国憲法』の成立過程に遡り、日本の死者とアジアの死者に対する向き合い方の「ねじれ」を指摘した。いま私は、『日本国憲法』にもとづき、戦死者と戦災死者は「民主主義」の名のもとに区別されるべきではないと考える。さらにそのうえで、アジアの民間人の死者を祭神に祀るかどうかも、靖国神社は考慮すべきなのではないか。

いっぽう、極東軍事裁判で裁かれたA級戦犯は、「戦争の死者」というより、「戦後の死者」である。靖国神社が、太平洋戦争に深く関わり、戦後に亡くなった死者を祭神に加えておきたいというのであれば、昭和天皇も祭神に加えるべきではないだろうか。私はここで昭和天皇は

A級戦犯だと言おうとしているのではない。戦争に〝当事者〟として関わったという点では、民間人も軍人・軍属も変わることがない。靖国神社は民間人以上に、A級戦犯の戦争への〝当事者性〟を認めて(あるいは評価して)、祭神に祀り顕彰することにしたのだろう。もしそのとおりであるなら、昭和天皇は崩御とともに、祭神に加えるべきだった。

本稿のような問題提起は、アイロニーかパラドックスだと見向きもされないかもしれない。しかし靖国問題の本質は、戦争の死者たちが、当事者性を配慮されず引き裂かれていることにあると民俗学者である私は思う。令和最初の夏、私たちは戦死者とはいったいだれのことであるかを、あらためて考えるべきだろう。

この国に決定的に足りなかったもの

代わり映えのしない災害論・復興論

東日本大震災と、それにともなう福島第一原子力発電所の災害について、さまざまなことが語られてきた。災害工学的な原因解明へのアプローチがあり、社会学的な復興論や思索的な死者論があふれた。しかし、どのような角度からなされた論考でも、事態のある一面を叙述したものにすぎないことはいうまでもない。

今年（二〇二一年）の三月に入ってからは、〝大震災一〇年〟を特集した番組がNHKを中心に数多く放送されている。しかし、それらの多くは、悲劇や美談をドラマチックに描くばかりことがほとんどだ。いっぽう、復興の進捗を検証し、災害後の街づくりを問題の俎上に乗せることは有意義である。また、防災や減災に関する啓発はしつこいぐらい繰り返されてもいいだろう。

大災害を論じたり、描いたりする際の切り口は、震災後、二、三年を経過したころから代わり映えせず、新たな問題提起がなされ、あるいは模索されてきたように見えないのだ。こうした現象は、大災害の記録と記憶の伝承を目的として設置された公共施設でも、変わるものではなかったのである。

「伝承館」のとりとめのない展示

昨年の九月二〇日、福島県双葉郡双葉町に「東日本大震災・原発災害伝承館」がオープンした。福島県を建築主体に、指定管理者の公益財団法人「福島イノベーション・コースト構想推進機構」が運営するこの施設の総工費は約五三億円に及び、その全額が国の交付金によって賄われたものである。施設の設立趣旨は、「世界初の甚大な複合災害の記録や教訓とそこから着実に復興する過程を収集・保存・研究し、風化させず後世に継承・発信し世界と共有することは、被災を経験した人々の共通の想いです」とされ、福島だけが経験した原子力災害をしっかり伝えるため、「未来への継承・世界との共有」、「防災・減災」、「復興の加速化への寄与」という三つの基本理念を掲げる。

伝承館については開館直後から、「伝承館開館、展示されぬ教訓多く　内容更新求める声も」（朝日新聞デジタル　二〇二〇年九月二一日）、「「撮影禁止」の福島県・原子力災害伝承館　双葉町の展示要望には応じず」（東京新聞 TOKYO WEB 二〇二〇年一一月四日）といった批判的な記事も出ていた。筆者も実際にこの目で見るため、開館から約二か月後の昨年一一月に訪問してみた。常磐自動車道常磐双葉ICから車で約一二分、JR常磐線双葉駅からタクシーで約六分のところにある伝承館まで来ると、周囲の寒々とした風景に、復興がまだ道半ばであることが強く感じられる。

地上三階建て、延べ床面積約五三〇〇平方メートルの施設は、震災や原発事故関連の資料約二四万点を所蔵し、うち約一七〇点を展示している（入館料は大人六〇〇円、小中高生三〇〇円）。震災前後の経過を記録した導入シアターを観たあと、〈災害の始まり〉、〈原子力発電所事故直後の対応〉、〈県民の想い〉、〈長期化する原子力災害の影響〉、〈復興への挑戦〉などのパートに分けられた展示が続く。

しかし、津波で流された道路標識や、避難指示区域となった小学校に残されたままのランドセルなどといった一次資料のほかは、展示の基礎資料がおもに報道資料をもとにしたものであることもあり、新たな「学び」や「気づき」を得ることはできなかった。時間の経過につれ、大災害を知らない世代が増えていくことを考えれば、まったく価値がないとは言えないだろう。だがなによりも、どのような主体が、いかなる鑑賞者に向け、どんなことを発信しようとしているのか見えてこないのだ。

責任の所在のあいまいさ

伝承館の展示を見て思い浮かべたのは、原爆被災地に建てられた慰霊碑の碑文である。一九五二年（昭和二七）八月六日、原爆投下から七年後に、広島平和記念公園に設立された「原爆死没者慰霊碑（公式名は広島平和都市記念碑）」の原爆死没者名簿を納めた石棺の正面には、「安らかに眠って下さい　過ちは繰返しませぬから」というよく知られた言葉が刻まれている。

この碑文の趣旨は、「原子爆弾の犠牲者は、単に一国一民族の犠牲者ではなく、人類全体の平和のいしずえとなって祀られており、その原爆の犠牲者にたいして反核の平和を誓うのは、全世界の人々でなくてはならない」という趣旨だと説明される（広島市公式ホームページより）が、「過ち」がだれによってもたらされるのかという、責任主体が明確でないことが問題視され、議論されてきたのである。

こうしたことから一九八三年には記念碑にも説明書きが加えられ、この碑文は「すべての人びとが　原爆犠牲者の冥福を祈り　戦争という過ちを再び繰り返さないことを誓う言葉である　過去の悲しみに耐え　憎しみを乗り越えて　全人類の共存と繁栄を願い　真の世界平和の実現を祈念するヒロシマの心がここに刻まれている」ということにされた。つまり、安らかな眠りを願うのも、戦争と核兵器の使用を戒めるのも、すべての人びとや全人類といった茫漠としてあいまいなものなのである。

伝承館の展示も原発災害の責任の所在がはっきりとしない。なぜこのような事故が発生したのか、なぜ多くの人びとが避難を余儀なくされ、まだ住んでいた場所にもどることができないのか。これらの疑問にたいして、〝報道的〟な事実が並べられているばかりで、事故をなぜ防げなかったのかという制度的な批判はなされず、また故郷喪失という事態に対する民俗学的な視点も提示されていないのだ（なお、この原稿の執筆中に、伝承館で展示替えがおこなわれるという報道があった。「原子力災害伝承館、被災者「教訓分からぬ」批判　半年待たず展示替え」毎日新聞　二〇二一年三月七日）。

「とくだんかわったことはなにも」

そんななかでも最近になって、これまでにない読後感をもたらす論考、書籍をふたつ読むことができた。

ひとつは京都市京セラ美術館で開催されている展覧会「平成美術：うたかたと瓦礫《デブリ》 1989-2019」（二〇二一年一月二三日〜四月一一日）のカタログのために社会学者の立岩真也が執筆した「とくだんかわったことはなにも」である。「平成」という区切りを設けて、現代美術の約三〇年と社会史を結びつけようとした展示企画をめぐって、立岩は、なに変わったことはないのではないかと問いかけるのである。

「社会は変わらない、同じ社会が続いているのだと言おうと思っている。すると平成、1989年から2019年にかけても、1990年から2020年まででもよいのだが、自然の災厄はあったし、これからもあるだろうが、社会には何も変わったことは起こらなかった。あえてそのように見ようとも思うし、実際そのようにしか思えないとも思っている。」

『私的所有論』（一九九七年）以来、他者や生命、介助や自己決定の問題について、実践的かつ哲学的につきつめようとしている立岩は、「平成」であるとか、あるいは「一〇年」といった区切りの無意味さ、日常を生きるしかない存在について考えをめぐらせる。

「そうしてなにもなく続いている日常が、天変地異をきっかけにして一時的に別の場に現れることもある。東日本大震災のときの福島での原発事故で人々が避難せざるをえないということがあって、施設が閉鎖されたりした。精神病院にもそんなことが起こった。すると初めて、そこに長く、40年だったか、いてしまった人がいることがわかった。その人は病院から出て暮らすようになり、今年になって、そんな空間と時間に生きさせられたことについての裁判が始まった。すこしだけ報じられた。」

自然災害や原発事故は、「日常」に裂け目をもたらし「非日常」を現出する、といった常套句に抗して、立岩は、それでも生きざるをえない社会や日常をみつめようとするのである。

淡々とした日常的な営みとして

もうひとつは民俗学者の川島秀一が二月に刊行した『春を待つ海——福島の震災前後の漁業民俗』である。川島は震災以前から三陸を拠点に、『漁撈伝承』をはじめとした漁業に関わる民俗・技術を粘り強く調査・記録してきたが、この新刊では、自ら船に乗り、原発事故によって制限を余儀なくされた福島県相馬郡の釣師浜の漁師の生業と生活の変化を記録している。

「震災時の対応や、「試験操業」を中心とする復興の様子を検証すると、いかに震災前の言い伝えや社会慣行が、震災後の生活とその復興を支えてきたのかということが明らかになっていくと思われる。（略）将来「本格操業」に切り替わったときに、震災前の漁業にそのまま立ち返ることになるのかどうかも、見極めたい点である。それは、漁業における「復興」とは何かということを、問い直すことでもあるからである。」

未曾有の事故を起こした原子力発電所近くの浜辺で漁業をおこなう人々の生業と生活がどう変化し、何を思っているかという〝繊細〟な問題について、川島はある意味で淡々とした「日常の営為」として記録しようとしているのだ。

東日本大震災・原発災害伝承館を訪れた感想として、責任の所在のあいまいさを嘆いた。そして、震災後、原発災害後について、新たな問題提起がなされていないのではないかと疑問を呈した。しかし、このふたつの文章は、非難や告発といった言葉とは縁遠い静けさで、変わることのない日々の営みを語り、描いているのだ。

いま私は、宮本常一が「残酷ということ」という座談会で述べた言葉を思い出している。この座談会は、宮本が監修のひとりに名を連ねたシリーズ『日本残酷物語』(平凡社)の第一巻が刊行された機会(一九六〇年一月二九日に収録し、『民話』第一八号に掲載)に、美術家の岡本太郎、作家の深沢七郎と交わされたものである。三人は、シリーズに冠された「残酷」という言葉をめぐり、第一巻(「貧しき人々のむれ」)の内容がほんとうに残酷なのか、そもそも「残酷」とはどういう状態や現象を表すのかなどについて議論したのだった。このなかで宮本は、「残酷」は「残虐」ではないとしたうえで、次のように述べている。

「残酷ということばはわりあい使っているんですね。というのは東北の方へまいりますと、人が死んだりなんかしましょう、その時のアイサツに、「残酷でござんした」とか「残酷でございました」とかいうように、いい、つかっているんです。例えば、「おきのどくでございました」というようなのと同じような意味ですね。」

宮本はさらに、「残酷」が近年に流行り出した言葉ではなく、挨拶の言葉として「ほんとに残酷でございます」という用例があり、「自分の意思ではないのにそうなっていったような場合」に使われ、彼自身がこの言葉に「非常に愛着を持っている」のだと述べているのである。

東日本大震災以降どころか、太平洋戦争中から戦後をとおして、「残酷」の時代は持続している。宮本常一の「残酷」にも、愛惜や哀惜だけではなく、民衆生活の切実のジレンマのような意味がこめられているとみて間違いないだろう。私はまた、太平洋戦争下の空襲被害にたいする市民訴訟で示された「受忍」という言葉を想起する。あの戦争では国民全体が残酷な目に遭ったから我慢するべきだ、と裁判所が受忍を強いるのだ。残酷や受忍にたいして、私たちはどのような抵抗の表現をなしうるのだろうか。既成の問題設定や硬直したイデオロギーに絡めとられず、生活の細部をみつめること、民俗的意識の根底について熟慮することが、いまこそ求められているのである。

あとがき

「東京2020パラリンピック」の閉会式を横目で見ながらこのあとがきを書いている。この競技大会は「2020」を名乗っているけど、今年が西暦二〇二一年であるのは言うまでもない。しかし、何年も経ってから読んだ人は、イベントの名称と開催年の食い違いを不思議に思うかもしれない。この食い違いを生んだのはもちろん、新型コロナウイルスによる感染症の流行が終息しなかったからである。そしてこの本もまた、このコロナ禍があって、初めて生み出されたものなのだ。

「災害民俗学」の必要性を唱えてきた私は、二一世紀の世界を覆う疫病も、災害の一種だというふうに捉えている。そこで、私たちがこれまで、病気や怪我とどのようにつきあってきたかについての、「序説」に取り組んでみたのだった。しかしあくまでも、「序説」にすぎないものだから、これから発展させていく責務があるだろう。その際には、本書で深めることができなかった「ケガレ」の問題などについても詳しく論じてみたいと思っている。

＊

この本は私にとって、春秋社から刊行する二冊目の本になる。前著（『五輪と万博――開発の夢、翻弄の歴史』）を担当していただいた手島朋子さんが、今回も協働してくださったのは大変心強いかぎりだった。デザイナーの岩瀬聡さんからは、古くて新しい難題を飾るにふさわしい装丁をいただいた。ありがとうございます。そして、このつかみどころがなく、得体のしれない状況、現象、感情を表現する素敵な絵を描いてくださった三好愛さんにも心からお礼を申し上げます。

多くの人々の切実な願いに応えて、コロナ禍が少しでも早くおさまりますように。

二〇二一年九月　大阪

畑中章宏

参考・引用文献一覧

会田秀介『医と石仏——庶民の治病信仰』青娥書房、二〇〇二年
アウエハント、コルネリウス『鯰絵——民俗的想像力の世界』小松和彦・中沢新一・飯島吉晴・古家信平訳、岩波文庫、二〇一三年
網野善彦『無縁・公界・楽——日本中世の自由と平和』平凡社、一九九六年
池田光穂著・宗田一監修『医療と神々——医療人類学のすすめ』平凡社、一九八九年
磯田道史『感染症の日本史』文春新書、二〇二〇年
伊藤恭子編著『くすり博物館収蔵資料集4　はやり病の錦絵』内藤記念くすり博物館、二〇〇一年
稲垣裕美編著『病まざるものなし——日本人を苦しめた感染症・病気そして医家』内藤記念くすり博物館、二〇一一年
今村充夫『日本の民間医療』弘文堂、一九八三年
大島建彦『疫神とその周辺』岩崎美術社、一九八五年
加藤典洋『敗戦後論』講談社、一九九七年
川崎市岡本太郎美術館編『記憶の島——岡本太郎と宮本常一が撮った日本』川崎市岡本太郎美術館、二〇一二年
川島秀一『春を待つ海——福島の震災前後の漁業民俗』冨山房インターナショナル、二〇二一年
小泉八雲『日本瞥見記（上）』平井呈一訳、恒文社、一九七五年

『子どもの文化　特集　疫病と妖怪』子どもの文化研究所、二〇二〇年一〇月号
斎藤たま『まよけの民俗誌』論創社、二〇一〇年
酒井シヅ『病が語る日本史』講談社学術文庫、二〇〇八年
坂本大三郎『山伏ノート――自然と人をつなぐ知恵を武器に』技術評論社、二〇一三年
佐藤健二『流言蜚語――うわさ話を読みとく作法』有信堂高文社、一九九五年
鈴木健郎「日本の山岳信仰と温泉」『専修大学社会科学研究所月報』No. 671、二〇一九年五月
鈴木則子『江戸の流行り病――麻疹騒動はなぜ起こったのか』吉川弘文館、二〇一二年
宗田一『健康と病の民俗誌――医と心のルーツ』健友館、一九八四年
立川昭二『江戸病草紙』ちくま学芸文庫、一九九八年
立岩真也「とくだんかわったことはなにも」／椹木野衣・京都市京セラ美術館編『平成美術――うたかたと瓦礫《デブリ》 1989-2019』世界思想社、二〇二一年
長沢利明『江戸東京の庶民信仰』講談社学術文庫、二〇一九年
波平恵美子『医療人類学入門』朝日選書、一九九四年
新潟県立歴史博物館監修『見るだけで楽しめる！　まじないの文化史――日本の呪術を読み解く』河出書房新社、二〇二〇年
日本温泉文化研究会『温泉をよむ』講談社現代新書、二〇一一年
日本石仏協会編『日本の石仏　No. 172』青娥書房、二〇二〇年一二月号
根井浄「富山売薬と修験者について」『印度学仏教学研究』28巻2号、一九八〇年
根岸謙之助『医の民俗』雄山閣、一九八八年

根岸謙之助『医療民俗学論』雄山閣、一九九一年
根岸鎮衛『耳嚢（上）』長谷川強校注、岩波文庫、一九九一年
畑中章宏『災害と妖怪——柳田国男と歩く日本の天変地異』亜紀書房、二〇一二年
畑中章宏『天災と日本人——地震・洪水・噴火の民俗学』ちくま新書、二〇一七年
畑中章宏『日本疫病図説——絵に込められた病魔退散の祈り』笠間書院、二〇二一年
松山巖『うわさの遠近法』講談社学術文庫、一九九七年
宮田登『江戸のはやり神』ちくま学芸文庫、一九九三年
宮本常一『菅江真澄——旅人たちの歴史2』未来社、一九八〇年
村田沙耶香『変半身』筑摩書房、二〇一九年
『柳田國男全集3　水曜手帖　北国紀行　菅江真澄　ほか』ちくま文庫、一九八九年
『柳田國男全集5　後狩詞記　山島民譚集　ほか』ちくま文庫、一九八九年
『柳田國男全集6　妖怪談義　一目小僧その他　ほか』ちくま文庫、一九八九年
『柳田國男全集24　野草雑記　野鳥雑記　信州随筆　ほか』ちくま文庫、一九九〇年
『柳田國男全集25　日本の昔話　日本の伝説　俳諧評釈』ちくま文庫、一九九〇年
山内一也『ウイルスの意味論——生命の定義を超えた存在』みすず書房、二〇一八年
ローテルムンド、ハルトムート・オ『疱瘡神——江戸時代の病いをめぐる民間信仰の研究』岩波書店、一九九五年

初出一覧

1　医療民俗学序説　書き下ろし

2　ケガレとコロナ

・疫病神とウイルス（アマナ「nature & science」二〇二〇年四月三〇日）
・ウイルス残酷物語①アマビエブームで見逃されたこと（朝日新聞社「withnews」二〇二〇年五月三〇日）
・ウイルス残酷物語③志村けんと「100日後に死ぬワニ」（「withnews」二〇二〇年六月二〇日）
・ウイルス残酷物語④「自粛警察」を突き動かした「ケガレ」の論理（「withnews」二〇二〇年七月一一日）
・ウイルス残酷物語⑤デマや誤情報が駆り立てた「異常行動」（「withnews」二〇二〇年八月一五日）
・2020年の世相（スターツ出版『メトロミニッツ』二〇二一年一月号）

3　二一世紀の「まじない」

・東京に奉納された〝絵馬〟（『新海誠監督作品 天気の子 公式ビジュアルガイドブック』KADOKAWA、二〇一九年）
・巨大台風襲来の1年…災害伝承は大水害を「予告」していたのか（講談社「現代ビジネス」二〇一九年一一月二七日）
・村田沙耶香著『変半身』書評（新潮社『新潮』二〇二〇年三月号）
・8月15日は、たまらない。―やがて体験となる時間と空間―（リイド社「トーチWeb」二〇一六年七月）
・いまだに盛んな「パワースポット・ブーム」にひとこと物申す（「現代ビジネス」二〇一九年一月八日）
・日本の地方都市を救うのは「妖怪」か…これだけ観光利用される理由（「現代ビジネス」二〇一九年七月三一日）
・もはや神頼みしかない　日本人は「感染症」にどう対処してきたのか（「現代ビジネス」二〇二〇年三月二〇日）
・旅行は不可能？　新型コロナがもたらす「観光の終焉と祭りの復権」（「現代ビジネス」二〇二〇年五月二七日）
・「まじない」に託す切実（福音館書店『母の友』二〇二〇年九月号）

・「鯰絵」と「疱瘡絵」　書き下ろし
・祭りのない夏　中止の判断に〝死者の声〟は反映されているのか（「ニッポン・ドット・コム」二〇二〇年七月三〇日）

4　災害伝承を旅する

・災害伝承を旅する 下地島のヨナタマ――津波（一般財団法人日本消防設備安全センター『月刊フェスク』二〇一九年七月号）
・災害伝承を旅する 甲州・信州の「風三郎」――風害（『月刊フェスク』二〇一九年九月号）
・災害伝承を旅する 木曽川の「やろか水」――洪水（『月刊フェスク』二〇一九年一一月号）
・災害伝承を旅する 鎌原観音堂の石段――噴火（『月刊フェスク』二〇二〇年一月号）
・災害伝承を旅する 目黒の蛇崩――土砂崩れ（『月刊フェスク』二〇二〇年三月号）
・災害伝承を旅する 京都の「将軍塚」――地震（『月刊フェスク』二〇二〇年五月号）
・古代ヤマトの流行病――疫病　書き下ろし

5　「残酷」の時代に

・地震、洪水、噴火…日本人は天災とどう向き合ってきたか（「現代ビジネス」二〇一七年三月一一日）
・人間を食べて生き延びた…難民に冷たい日本が忘れている私たちの歴史（「現代ビジネス」二〇一七年七月一六日）
・「平成らしさ」とは何だったのか？ ある風景が覆い隠す「難題」（「現代ビジネス」二〇一九年四月三〇日）
・「戦争の死者」とは誰か？ いま日本人が考えるべき重要な問題（「現代ビジネス」二〇一九年八月一四日）
・東日本大震災から10年、この国に決定的に足りなかったもの（「現代ビジネス」二〇二一年三月一一日）

［著者紹介］
畑中 章宏（はたなか・あきひろ）
1962年大阪生まれ。民俗学者・作家。著書に『柳田国男と今和次郎』『『日本残酷物語』を読む』（平凡社新書）、『災害と妖怪』『津波と観音』（亜紀書房）、『天災と日本人』『廃仏毀釈』（ちくま新書）、『先祖と日本人』（日本評論社）、『ごん狐はなぜ撃ち殺されたのか』『蚕』（晶文社）、『21世紀の民俗学』（KADOKAWA）、『死者の民主主義』（トランスビュー）、『五輪と万博』（春秋社）、『日本疫病図説』（笠間書院）などがある。

医療民俗学序説　日本人は厄災とどう向き合ってきたか

2021年10月15日　第1刷発行

著　者　畑中章宏
発行者　神田　明
発行所　株式会社　春秋社
〒101-0021　東京都千代田区外神田2-18-6
電話　(03)3255-9611（営業）
(03)3255-9614（編集）
振替　00180-6-24861
https://www.shunjusha.co.jp/
印刷所　株式会社　太平印刷社
製本所　ナショナル製本協同組合
装　丁　岩瀬　聡
装　画　三好　愛

ISBN978-4-393-29136-8 C0039　定価はカバー等に表示してあります

畑中章宏
五輪と万博
開発の夢、翻弄の歴史

計画変更、延期、そして中止……。波乱に満ちた巨大イベントが映しだす夢と現実の相克、都市・郊外に刻まれた変貌の記憶。気鋭の民俗学者がたどるダイナミックな社会史！

二〇九〇円

赤坂憲雄
民俗知は可能か

石牟礼道子、岡本太郎、網野善彦、宮本常一、柳田国男は学問では捉えきれない庶民の思想とどう向き合ったか。水俣と福島から山海の暮らし、文字と権力の歴史まで知の系譜を辿る。

二八六〇円

赤坂憲雄
日本という不思議の国へ

モラエスからアレックス・カーまで日本と縁を結んだ7人の紀行・文芸作品に描かれた日本とは。失われた生活風景、文化を照射し、私たちの自画像の再考を迫る一冊。

二〇九〇円

川本三郎
物語の向こうに時代が見える

丸谷才一、吉村昭、角田光代、桜木紫乃……。時代の荒波を賢明に生きる人々を描いた文学は何を語りかけているのか。戦後日本と同年齢の著者が人の強さと優しさを見つめる時代論。

二二〇〇円

池内　紀
東海道ふたり旅
道の文化史

「東海道五十三次」を水先案内にして、長年旅を続けてきた著者が、社会、経済、歴史、技術、芸能、風俗などあらゆる視点で道をながめた、珠玉の文化論。カラー図版多数。

二二〇〇円

渡辺　裕
まちあるき文化考
交叉する〈都市〉と〈物語〉

文学散歩や映画のロケ地巡礼など、作品世界と紐づけられて生成・変容する都市のイメージと、あわいに生じた文化のありようを描き出す。無縁坂や小樽、軍艦島などをめぐる全5章。

二六四〇円

▼価格は税込（10%）。